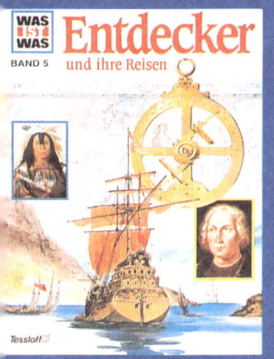  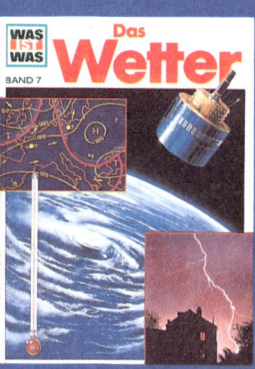  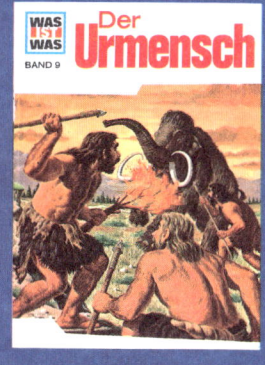
 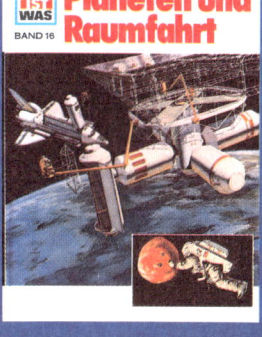   

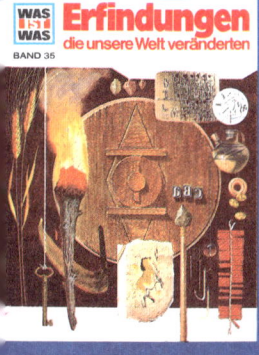  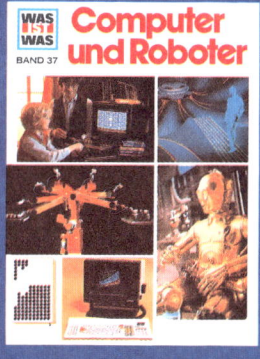  
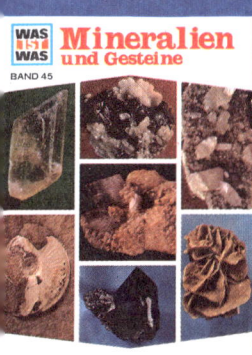 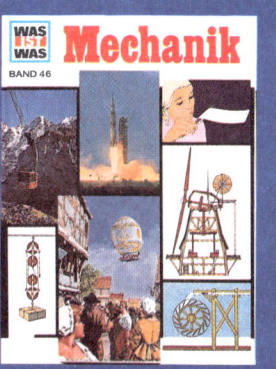 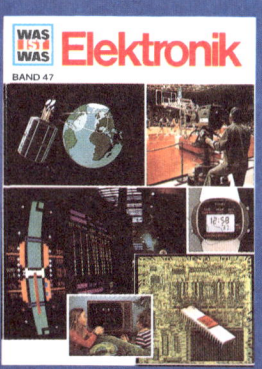 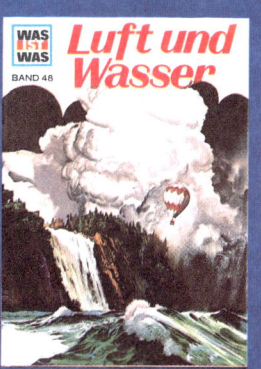

Weitere Titel siehe letzte Seite.

Vorwort

Die Ritter Japans, die Samurai, gehören zu den faszinierendsten Erscheinungen der Weltgeschichte. Hervorgegangen aus privaten Kriegerverbänden, die in den Grenzregionen des frühen Kaiserreichs gegen die dort ansässigen Eingeborenenstämme kämpften, wuchs ihnen in den Parteikämpfen des 10. bis 12. Jahrhunderts immer mehr Macht zu. Um die Mitte des 12. Jahrhunderts riß ein Samurai-Fürst erstmals die Regierungsgewalt an sich, 1192 begründete ein anderer den ersten Samurai-Staat, indem er die kaiserliche Regierung entmachtete und den Kaiser selbst auf religiöse und zeremonielle Aufgaben beschränkte. Von da an war Japan sechseinhalb Jahrhunderte lang eine Militärdiktatur, in der alle politische Macht in den Händen des Schwertadels lag. Entsprechend groß war die prägende Kraft, die von der Kriegerkaste ausging, von ihrem Denken, von ihren religiösen Überzeugungen, von ihrer Kultur und von ihren Lebensgewohnheiten – Einflüsse, die noch heute spürbar sind.

Dieses WAS IST WAS-Buch beschreibt im ersten Teil den Aufstieg der Samurai, die Geschichte Japans unter ihrer Herrschaft, ihre Leistungen und Neuerungen, die blutigen Wirren, in die sie das Land stürzten, ihre faszinierenden Leitfiguren, tragischen Helden und großen Staatsmänner. Im zweiten Teil wird dann die ungewöhnliche Lebenswelt der Kriegerkaste geschildert: ihre strengen Ideale von Ehre, Pflicht und Treue, ihre Erziehung und militärische Ausbildung, ihre Waffen, ihre Burgen, ihre Aufgaben im Frieden, ihr Verhältnis zu Frauen und ihr eigentümlicher Kult des Todes, für den es in der Weltgeschichte kein Gegenstück gibt. Der dritte Teil schließlich behandelt den Niedergang der Samurai-Herrschaft und den Zusammenbruch ihres Staates um die Mitte des 19. Jahrhunderts. Dieser Abschnitt des Buches verweist aber auch auf das geistige Erbe, das der Schwertadel dem modernen Japan hinterlassen hat: Geduld, Disziplin, Genügsamkeit, Zähigkeit und Fleiß – Tugenden, die den japanischen Nationalcharakter bis zum heutigen Tage prägen und denen das Land seinen Aufstieg zu einem der modernsten, machtvollsten und zukunftsträchtigsten Staaten der Erde verdankt.

WAS IST WAS, Band 94

■ Dieses Buch ist auf chlorfrei gebleichtem Papier gedruckt.

Bildquellennachweis:
Fotos: Agency for Cultural Affairs (Bunka-cho), Tokyo: S. 15 ol; Choko-ji Temple, Aichi-ken (Japan): S. 16; Werner Forman Archive, London: S. 10/11, S. 22 ul, S. 35 ur; Hulton Picture Company, London: S. 22 or, S. 45; Kanagawa Prefectural Museum, Nagoya: S. 46 u, S. 46 o; Kunaicho, Imperial Palace (Japan): S. 47; National Diet Library, Tokyo: S. 32; Orion Press, Tokyo: S. 34/35 o, S. 44 u; Prof. Dr. Tarnowski, Hamburg: S. 23; Tokugawa Reimeikai Foundation, Tokyo: S. 12, S. 17 or, S. 18/19 o; Tokyo National Museum, Tokyo: S. 8/9, S. 13; Victoria & Albert Museum, London: S. 33; Laurie Platt Winfrey, Inc., New York: S. 44 o; Zentrale Farbbildagentur GmbH, Düsseldorf: S. 15 u;
Illustrationen: Dieter Heidenreich: S. 2, 3, 4, 5, 6, 7, 14, 19 u. 20, 21, 24, 25, 26, 27, 28, 29, 30, 31, 36, 37, 39, 40, 41, 42, 43;
Umschlagfotos: Archiv für Kunst und Geschichte, Berlin
Umschlagillustrationen: Dieter Heidenreich

Copyright © 1992 Tessloff Verlag, Nürnberg
Die Verbreitung dieses Buches oder von Teilen daraus durch Film, Funk oder Fernsehen, der Nachdruck oder die fotomechanische Wiedergabe sind nur mit Genehmigung des Tessloff Verlages gestattet.
ISBN 3-7886-0636-3

Inhalt

Der Aufstieg der Samurai

Wie entstand das japanische Kaiserreich?	4
Wie entwickelte sich das junge japanische Kaiserreich?	5
Wo und wie entstand die Kriegerkaste der Samurai?	6
Wie lebten die ersten Samurai in den Provinzen?	8
Wie wurden die Samurai in die Politik hineingezogen?	9
Wer war der erste Samurai, der in Japan die Macht eroberte?	10
Welches Ereignis machte Japan endgültig zum Samurai-Staat?	11
Wie organisierte Minamoto Yoritomo den ersten Samurai-Staat?	12
Wie entwickelte sich der Samurai-Staat bis zum 16. Jahrhundert?	13
Wann und durch wen wurde die Einheit Japans wiederhergestellt?	16
Wie lebten die Samurai in der Tokugawa-Zeit?	17

Die Welt der Samurai

Woran orientierte ein Samurai sein Leben?	20
Wie wurden die Söhne der Samurai erzogen?	21
Wie sah die Rüstung der Samurai aus?	23
Wie sahen die Schwerter der Samurai aus?	26
Wie erlernten die Samurai den Schwertkampf?	28
Welche Hauptwaffen führten die Samurai neben dem Schwert?	29
Benutzten die Samurai auch Feuerwaffen?	32
Wo wohnten die Samurai?	33
Welche Rolle spielten die Frauen in der Samurai-Gesellschaft?	36
Welche Rolle spielte der Selbstmord im Leben der Samurai?	37
Auf welche Weise beging ein Samurai Selbstmord?	38
Wer waren die Ninja?	40
Wie erhielten und wie erledigten die Ninja ihre Aufträge?	41

Niedergang und Ende der Samurai

Wie kam es zum Niedergang des Samurai-Staates?	44
Wie verschwanden die Samurai aus der japanischen Geschichte?	47
Wie prägte der Geist des Bushido das moderne Japan?	48

Diese Abbildung eines Speerkämpfers in der Schlacht zeigt die wilde, todesverachtende Angriffslust der Samurai.

Der Aufstieg der Samurai

Wie entstand das japanische Kaiserreich?

Im Jahre 645 n. Chr. brach am japanischen Königshof eine Rebellion los, die das Ziel hatte, Japan von der unglückseligen Willkürherrschaft seiner großen Adelsfamilien zu befreien. Diese alten Geschlechter behandelten den Staat seit Jahrhunderten wie ihren Privatbesitz, maßten sich Vollmachten an, die ihnen nicht zustanden, drangsalierten den rechtmäßigen Herrscher, zettelten blutige Fehden und politische Morde an, bereicherten sich mit Gewalt und nahmen bei all ihren Unternehmungen und Zwistigkeiten keine Rücksicht auf das Wohl des Landes. Solchen Mißständen wollten die Verschwörer ein Ende machen. Ihnen schwebte ein anderes, ein von Grund auf erneuertes Japan vor: ein Staat nach dem bewunderten Vorbild Chinas, wo alle Macht in den Händen eines Kaisers lag und kaiserliche Beamte noch in den entlegensten Winkeln des Reiches für Ordnung, Gerechtigkeit und Wohlstand sorgten.

Der Staatsstreich gelang und eröffnete für das zerrissene Land ein neues Zeitalter; ein Zeitalter tiefgreifender Reformen, das die Japaner selbst *Taika* nennen – zu deutsch: »die große Wende«.

Grundlage für alle *Taika*-Reformen war die neugeschaffene Kaiserwürde, die mit umfassenden Vollmachten ausgestattet wurde. Dieses höchste Amt im Staate übertrugen die siegreichen Revolutionäre einem altehrwürdigen Fürsten- und Priester-

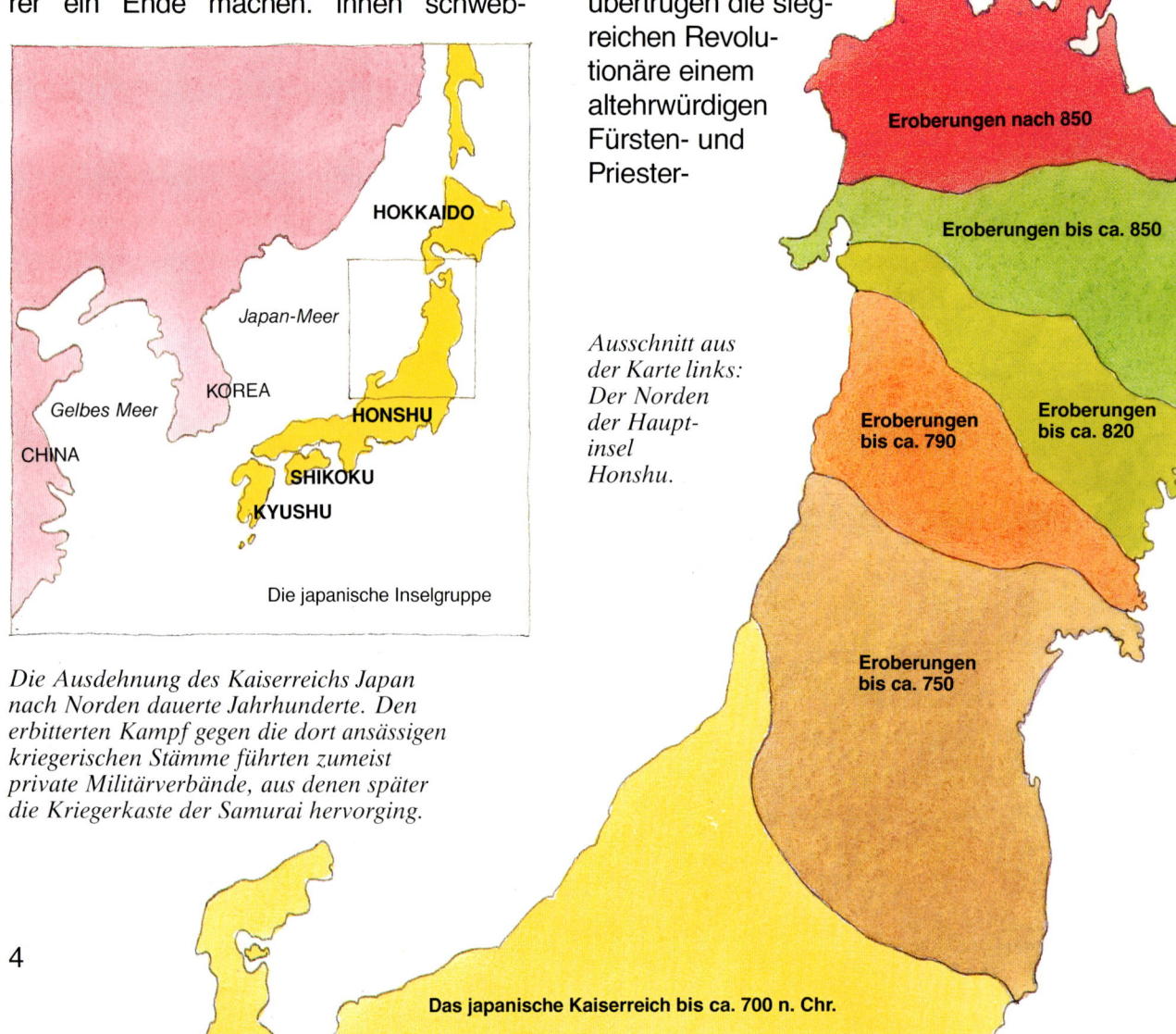

Ausschnitt aus der Karte links: Der Norden der Hauptinsel Honshu.

- Eroberungen nach 850
- Eroberungen bis ca. 850
- Eroberungen bis ca. 820
- Eroberungen bis ca. 790
- Eroberungen bis ca. 750

Die japanische Inselgruppe

Die Ausdehnung des Kaiserreichs Japan nach Norden dauerte Jahrhunderte. Den erbitterten Kampf gegen die dort ansässigen kriegerischen Stämme führten zumeist private Militärverbände, aus denen später die Kriegerkaste der Samurai hervorging.

Das japanische Kaiserreich bis ca. 700 n. Chr.

geschlecht, das seine Herkunft auf die himmlische Schirmherrin Japans, die Sonnengöttin *Amaterasu*, zurückführte. Das hatte zur Folge, daß die neuen Kaiser als »Söhne der Sonne« in den Augen ihrer Untertanen nicht nur weltliche Herrscher waren, sondern daß sie auch im Auftrage der Götter regierten. Deshalb ihr Würdetitel: *Tenno* (»himmlischer Gebieter«) und die göttliche Verehrung, die man ihnen entgegenbrachte.

Um die Machtfülle des *Tenno* für alle Zeiten zu sichern, veröffentlichten die siegreichen Umstürzler wenige Monate nach ihrem Staatsstreich eine Art Gründungsurkunde des neuen Staates: das sogenannte *Taika*-Edikt, ein Dokument, in dem tiefgreifende Veränderungen angekündigt wurden. Die wichtigsten Reform-Bestimmungen dieses *Taika*-Edikts lauteten:

☐ Privateigentum an Grund und Boden wird abgeschafft. Alles bebaubare Ackerland gehört dem Kaiser, der allein über seine Nutzung entscheidet.

☐ Das Staatsgebiet wird durch kaiserlichen Erlaß in Provinzen, Distrikte und Dorfgemeinschaften eingeteilt; alles Land wird genau vermessen.

☐ Alle Bürger schulden dem Kaiser Steuern. Die Männer sind darüber hinaus zum Dienst in der Armee verpflichtet.

☐ Als sichtbarer Mittelpunkt des Reiches wird eine kaiserliche Hauptstadt errichtet.

☐ Die Angehörigen des entmachteten Adels können als Beamte in den Staatsdienst eintreten. In diesem Falle werden sie vom Kaiser besoldet und schulden ihm absolute Treue und Gehorsam.

Der Kaiser, japanisch: Tenno (»Himmlischer Gebieter«), galt im Alten Japan als Nachfahre der Sonnengöttin Amaterasu und genoß noch in der Neuzeit göttliche Verehrung.

Wie entwickelte sich das junge japanische Kaiserreich?

Nach dem Staatsstreich von 645 nahm das japanische Kaiserreich rasch Gestalt an. Die meisten Mitglieder des Hochadels lenkten ein, unterwarfen sich dem *Tenno* und dienten ihm fortan als Minister, Behördenleiter oder Höflinge. Damit war die entscheidende Voraussetzung für die *Taika*-Reformen erfüllt.

Die Reformen selbst begannen mit einer Neuordnung der landwirtschaftlichen Anbauflächen. In raschem Zugriff ließ die kaiserliche Regierung den privaten Grundbesitz vermessen, in gleichmäßige Flächen aufteilen und im Namen des Staates an selbständige Bauern verpachten. Je nach Größe der Felder wurden Steuern festgesetzt. Um das Land besser zu erschließen, baute man Straßen und Brücken. Allenthalben entstanden Dörfer und Städte. Und buddhistische Mönche errichteten im ganzen Land prächtige Tempel, Klöster und heilige Schreine.

Auch die Künste und Wissenschaften blühten auf. Vor allem in den neugegründeten Hauptstädten des Reiches sammelten sich Maler, Bildhauer, Gelehrte, Dichter und Schreiber: zuerst im prächtigen *Heijo* (heute *Nara*, Hauptstadt von 710 bis 784), später dann im noch eindrucksvolleren *Heian* (heute *Kyoto*, Hauptstadt seit 794). Hier, im Umfeld des kaiserlichen Palastes, befand sich alles, was Rang und Namen hatte: der Kaiser selbst und sein Hofstaat, die kaiserliche Regierung, andere Behörden und nicht zuletzt die großen Tempel. In dieser anregenden Atmosphäre fanden Künstler und Gelehrte rasch Förderer und Auftraggeber. So deutete alles darauf hin, daß Japan einer glänzenden Zukunft entgegenging.

Wo und wie entstand die Kriegerkaste der Samurai?

Wie wir gesehen haben, verfolgte die *Taika*-Reform das Ziel, Japan in einen straff organisierten Einheitsstaat umzuwandeln; in ein Staatswesen, in dem überall die gleichen Gesetze gelten und die gleichen Lebensverhältnisse herrschen sollten. Doch dieses hochgesteckte Ziel wurde niemals wirklich erreicht. Schuld daran war zum einen die Politik der kaiserlichen Regierung, die im Laufe der Zeit ihre Überzeugungskraft und Entschlossenheit einbüßte. Schuld daran war aber auch die Gestalt der japanischen Landschaft.

Japan besteht zu rund 75 Prozent aus Gebirgsketten, die den Lebensraum der Einwohner in mehrere große und viele kleinere Landschaftsräume zerschneiden. In alter Zeit war deshalb jede längere Reise von einem Landesteil in den anderen ein schwieriges, oft lebensgefährliches Unterfangen. Im Winter sperrte meterhoher Schnee die schmalen Bergpfade. Im Frühjahr aber, wenn der Schnee schmolz, oder nach heftigen Regenfällen in den anderen Jahreszeiten verwandelten sich die zahllosen Gebirgsflüsse in tosende Wildwasser, die Stege und Bäume fortwirbelten und Reisende in den Tod rissen.

Wer unter diesem Gesichtspunkt die Landkarte unten betrachtet, wird unschwer begreifen, warum sich der direkte Zugriff der kaiserlichen Regierung vor allem auf das japanische Kernland, den Süden der Hauptinsel *Honshu* und den Norden *Shikokus* und *Kyushus*, erstreckte. Dagegen waren andere Landesteile,

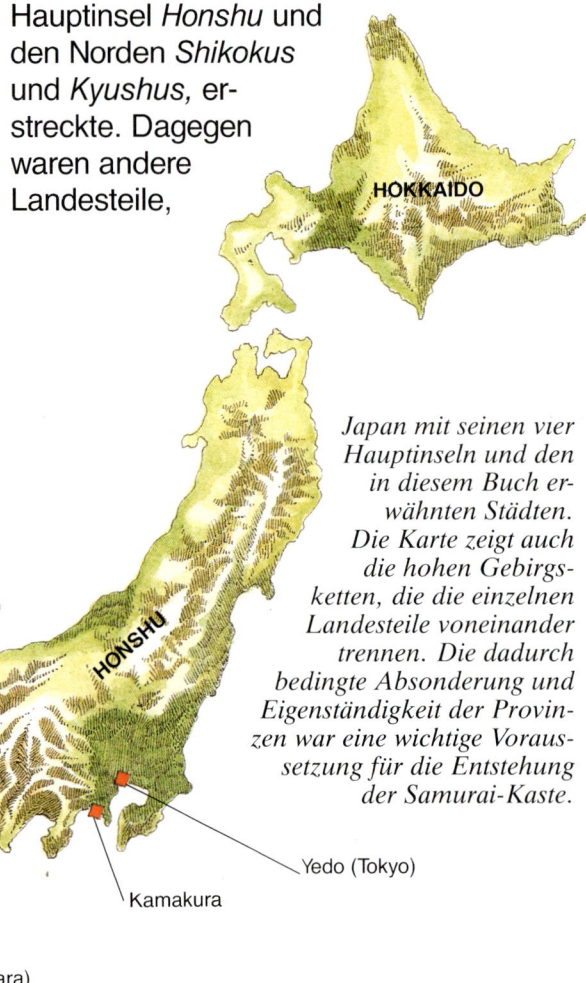

Japan mit seinen vier Hauptinseln und den in diesem Buch erwähnten Städten. Die Karte zeigt auch die hohen Gebirgsketten, die die einzelnen Landesteile voneinander trennen. Die dadurch bedingte Absonderung und Eigenständigkeit der Provinzen war eine wichtige Voraussetzung für die Entstehung der Samurai-Kaste.

Kampf zweier berittener Samurai gegen drei Ezo-Krieger. Die Unterwerfung der Ezo in Nord-Honshu und Hokkaido war die erste große Aufgabe der entstehenden Samurai-Kaste (vergleiche dazu die Karte auf Seite 4).

ganz *Hokkaido*, der Norden *Honshus*, große Teile der Westküste und der Süden *Shikokus* und *Kyushus*, vom Zentrum des Reiches und seiner Hauptstadt weltenweit entfernt. Die Übermittlung von Befehlen der Regierung oder die Entsendung von Soldaten konnte unter diesen Umständen Monate dauern. Darauf aber konnten die Einwohner der entlegenen Provinzen nicht immer warten.

In *Nord-Honshu* und im Süden *Kyushus* behaupteten sich noch lange die kriegerischen Völkerstämme der *Ezo,* die hier seit Jahrtausenden ansässig waren und ihre angestammte Heimat gegen die vordringenden kaiserlichen Truppen erbittert verteidigten. Bis zum Ende des 9. Jahrhunderts tobte vor allem im Norden ein grausamer Kleinkrieg, der das Land nicht zur Ruhe kommen ließ. Um der überall lauernden Gefahr zu begegnen, mußten die dort lebenden Menschen ihre Gehöfte und Ortschaften befestigen, rund um die Uhr Wachen aufstellen und immer wieder verlustreiche Strafexpeditionen in feindliches Gebiet unternehmen.

Doch es war nicht nur die Gegenwehr der Eingeborenen, die das Leben in den Provinzen so gefährlich machte. Seit Jahrhunderten wimmelte es an den Küsten von Piraten, die den Handelsschiffen auflauerten und Ortschaften überfielen. Landeinwärts aber, in den wilden Bergen und dichten Wäldern, trieben organisierte Räuberbanden ihr Unwesen. Und schließlich gab es immer wieder Aufstände unzufriedener Bauern, die – zumal in Hungerzeiten – gegen ihr schweres Los mit Waffengewalt rebellierten.

Kein Wunder also, daß die Befehlshaber und Adeligen in den Provinzen sich unter diesen schwierigen Lebensbedingungen nicht auf die kaiserliche Regierung und kaiserliche Truppen verlassen mochten,

Diese mittelalterliche Bildrolle zeigt den Samurai-Führer Minamoto Yoshiie (1039–1106) während eines Krieges, den er im Auftrage des Tenno gegen eine rebellierende Kriegerfamilie in Nord-Honshu führte.

sondern Sicherheit und Ordnung lieber in die eigenen Hände nahmen. Sie taten das, indem sie wehrhafte Männer um sich versammelten, aus denen sie kleine Truppenverbände bildeten und diese unter ihren persönlichen Oberbefehl stellten. Solche ortsansässigen Militärverbände nannte man *Bushi-dan*, ihre Mitglieder *Bushi*. Diese harten, waffenerprobten und todesmutigen Männer, die in der Obhut adeliger Grundherren den »Weg des Kriegers« einschlugen, kann man als die ersten Ritter Japans, als die ersten *Samurai* betrachten.

Wie lebten die ersten Samurai in den Provinzen?

Die typischen Militärverbände in den Provinzen waren nach dem Vorbild japanischer Großfamilien organisiert. Deshalb bezeichnet man diese Verbände zu Recht auch als Kriegerfamilien. Allerdings muß man sich beim Wort »Familie« in diesem Zusammenhang klarmachen, daß zu einer Kriegerfamilie eben nicht nur Angehörige des Familienoberhaupts, also Verwandte, gehörten, sondern auch nichtblutsverwandte Fremde.

Befehlshaber der Kriegerfamilien waren die Oberhäupter vornehmer Geschlechter: Gouverneure, hohe Beamte, reiche Grundbesitzer und andere. Von ihren Untergebenen lebte der kleinere Teil mit ihren Führern unter einem Dach. Diese Gruppe, meist nahe oder entfernte Verwandte, hießen *Kenin* – zu deutsch: »Männer, die im Hause wohnen«. Die meisten Familienmitglieder und Gefolgsleute lebten indes auf ihren Landgütern in der Umgebung des Herrensitzes. Der typische *Samurai* der Frühzeit war also Krieger und Gutsbesitzer in einem.

Das Land, auf dem er saß und von dem er sich ernährte, war in der Regel urbar gemachtes oder erobertes Land, das sein Herr ihm auf Widerruf zugeteilt hatte; ein »Lehen« also zur Entlohnung für seine Gefolgschaft. Das war natürlich unerlaubt, denn nach den *Taika*-Gesetzen durfte ja niemand Grund und Boden besitzen; also durfte auch niemand ohne kaiserliche Erlaubnis Lehen vergeben. Doch der Kaiser und seine Regierung waren weit und die Militärverbände unverzichtbar, und so setzten sich Gouverneure, Beamte und Adelige, die sich in den Provinzen niedergelassen hatten, über das geltende Recht einfach hinweg.

Nach japanischer Tradition hatten sich alle Mitglieder einer Familie der Autorität des Familienoberhaupts bedingungslos unterzuordnen – so auch die Mitglieder einer Kriegerfamilie. Auf diese Weise bekleideten die Führer der Militärverbände eine herausragende Stellung, die durch die großzügige Vergabe von Land an seine Gefolgsleute natürlich noch verstärkt wurde. Für das Bewußtsein und das Verhalten der straff geführten Kriegerfamilien in den Provinzen hatte das eine wichtige

Konsequenz: die Treue zu ihren Führern und der Gehorsam gegenüber ihren Befehlen rangierten in der Rangfolge der Samurai-Tugenden ganz obenan.

Persönliche Ergebenheit und Gehorsam waren auch die Hauptgründe für die wilde Tapferkeit der Samurai, wie sie in zahllosen Heldengeschichten verherrlicht wird. So im berühmten Konjaku Monogatari (»Geschichten aus alter Zeit«), wo ein in den Kampf aufbrechender Krieger seinem Herrn und Anführer versichert: »Ich bin bereit, in deinem Dienst mein Leben zu lassen, es wiegt für mich so leicht wie eine Feder. Mag mich auch Auge in Auge mit den Rebellen der Tod erwarten, niemals werde ich, nur um mein Leben zu retten, dem Feind den Rücken kehren.«

Wie wurden die Samurai in die Politik hineingezogen?

Anfangs betrachtete die kaiserliche Regierung das Aufkommen der Kriegerfamilien jenseits der Berge mit Gelassenheit. Zwar rügte sie gelegentlich die ungesetzliche Landnahme der Anführer und die nicht erlaubte Vergabe von Lehen an ihre Gefolgsleute. Strenge Verbote aber sprach sie nicht aus – sie wären wohl auch nicht beachtet worden.

Doch mit der Zeit nahm die Entwicklung immer bedrohlichere Formen an. Ursprünglich hatten zu einer typischen Kriegerfamilie vielleicht ein paar Dutzend Samurai gehört, jetzt aber schufen bedeutende Führerpersönlichkeiten imposante Großverbände, die schließlich Hunderte oder gar Tausende von gut ausgebildeten Rittern aufbieten konnten. Die beiden mächtigsten dieser Krieger-Großfamilien waren die Taira und die Minamoto. Ihnen gelang es im Laufe des 11. und 12. Jahrhunderts, ganze Landstriche unter ihre Kontrolle zu bringen.

Im Jahre 935 demonstrierte die nun immer selbstbewußter auftretende Samurai-Kaste dem Kaiser und seiner Regierung zum erstenmal ihre Macht. Der Aufrührer war ein Taira, sein Name: Taira Masakado. Weil die Regierung ihn nicht zum Polizeichef von Kyoto ernannt hatte, sagte er sich mit den sieben Provinzen, die er zuvor in seine Gewalt gebracht hatte, vom Kaiserreich los und ließ sich schließlich selbst zum Kaiser ausrufen. Erst nach fünf Jahren erbitterten Kampfes konnte die Ordnung wiederhergestellt werden – mit Hilfe anderer *Samurai*-Verbände.

Indes, die Rebellion *Taira Masakados* war nur der erste in einer langen Reihe weiterer Aufstände. Und jedesmal war der Ablauf derselbe: um aufbegehrenden *Samurai*-Familien wirksam entgegentreten zu können, mußte die Regierung andere *Samurai*-Familien um militärische Unterstützung ersuchen und ihnen dafür entsprechende Zugeständnisse machen. So entglitt dem kaiserlichen Hof allmählich die Kontrolle über das Land, während die auftrumpfende Kriegerkaste von Jahrzehnt zu Jahrzehnt mächtiger und anmaßender wurde.

Allerdings darf man sich die *Samurai* in dieser Phase ihres Aufstiegs keinesfalls als eine festgefügte Gesellschaftsschicht mit gemeinsamen Zielen vorstellen. Im Gegenteil! Schon immer hatte es zwischen einzelnen Kriegerfamilien heftige Rivalitäten und blutige Auseinandersetzungen gegeben. Diese alten Feindschaften wußte die kaiserliche Regierung geschickt zu nutzen. Sobald wieder einmal eine *Samurai*-Sippe rebellierte, warb sie, wie oben beschrieben, andere *Samurai*-Verbände an, um den Aufstand gewaltsam zu unterdrücken. Das Ergebnis dieser schlauen Politik war, daß sich die Kriegerklasse im Laufe der Zeit in zwei große Lager spaltete: Auf der einen Seite standen die regierungsfreundlichen *Minamoto*, auf der anderen die regierungsfeindlichen *Taira*. Der unversöhnliche Haß zwischen diesen beiden mächtigen *Samurai*-Familien und ihren jeweiligen Verbündeten entlud sich während des 11. und 12. Jahrhunderts in zahllosen Feldzügen und Schlachten: ein blutiger Machtkampf, der das ganze Land in Mitleidenschaft zog und schließlich mit dem völligen Zusammenbruch des alten Kaiserreichs endete.

Der lange, blutige Machtkampf zwischen den führenden *Samurai*-Familien der *Taira* und *Minamoto* endete um die Mitte des 12. Jahrhunderts vorläufig mit einem Sieg der *Taira*. Der Entscheidungskampf tobte 1159 in den Straßen Kyotos,

> **Wer war der erste Samurai, der in Japan die Macht eroberte?**

wobei Teile der Hauptstadt in Flammen aufgingen (vergleiche die Abbildung unten). Danach machte der Sieger *Taira Kiyomori* mit den Unterlegenen kurzen Prozeß. Ihre Anführer wurden hingerichtet oder auf der Flucht erschlagen.

Nachdem das erledigt war, entmachtete *Kiyomori* die Regierung. Während die geheiligte Person des Kaisers unangetastet blieb, mußten die führenden Minister gehen. Daß nun ein *Samurai*, ein Krieger also, die Geschäfte des Landes führte, wurde vom Hofadel als ungeheure Anmaßung empfunden. Ein *Samurai* war für die kultivierten Höflinge nichts weiter als ein ungehobelter Barbar.

Doch *Kiyomori* focht die Verachtung, die ihm bei Hofe entgegenschlug, nicht an. Höflich, aber bestimmt forderte er vom Kaiser das höchste Regierungsamt und erhielt es. Dann regelte er mit eiserner Hand, was er für regelungsbedürftig hielt: die Thronfolge innerhalb der kaiserlichen Familie, die Besetzung von Beamtenstellen, die Verteilung der Gelder und vieles andere mehr. Vor allem aber arbeitete *Kiyomori* beharrlich an einer Rangerhöhung seiner Familie. Ein erster Erfolg dieser Politik war die Hochzeit des Kaisers mit seiner Tochter. Und dann, im Jahre 1180, hatte er die unbeschreibliche Genugtuung, daß sein erst dreijähriger Enkel *Antoku* als 81. *Tenno* den kaiserlichen Thron bestieg.

Die letzten Jahre *Kiyomoris* waren von schweren Sorgen umdüstert. Gegen seine Herrschaft hatte es mehrere große Aufstände gegeben, die in Blut erstickt worden waren. Jetzt kamen aus den östlichen Provinzen bedrohliche Nachrichten. Offensichtlich war es den *Minamoto* gelungen, sich dort eine neue Machtbasis aufzubauen. Doch diesmal hatte *Kiyomori* keine Zeit mehr, Gegenmaßnahmen zu ergreifen. Im März 1181 starb er. Seine Söhne und Enkel hatte er noch auf dem Totenbett schwören lassen, daß sie die Leichname der *Minamoto*-Führer auf offenem Felde würden verfaulen lassen.

Nach dem Tode *Taira Kiyomoris* kämpften die *Taira* auf verlorenem Posten. Obwohl sie sich gegen den Niedergang ihrer Macht verzweifelt zur Wehr setzten, erlitten sie dank der überlegenen Taktik der *Minamoto* Niederlage um Niederlage. Dennoch zog sich der blutige Krieg – die Historiker nennen ihn den *Gempei-Krieg* – in die Länge; er dauerte von 1180 bis 1185. In diesen fünf schicksalsschweren Jahren wurde auf beiden Seiten mit äußerster Erbitterung gekämpft.

Welches Ereignis machte Japan endgültig zum Samurai-Staat?

Wer sich den blutigen Endkampf zwischen *Taira* und *Minamoto* bildhaft vorstellen

Diese im 13. Jahrhundert entstandene Bildrolle zeigt den Höhepunkt des ersten großen Machtkampfes zwischen den Samurai-Familien der Taira und Minamoto, den sogenannten Heiji-Aufstand, bei dem 1159 Teile der Kaiserstadt Kyoto in Flammen aufgingen. Der Sieger: Taira Kiyomori (1118–1181), war der erste in der langen Reihe der Samurai-Fürsten, die Japan 700 Jahre lang beherrschten.

möchte, der kann sich an den farbenprächtigen *Samurai*-Filmen orientieren, die in Japan ungefähr dieselbe Rolle spielen wie hierzulande die beliebten Abenteuer- und Indianerfilme aus Amerikas Wildem Westen. In den darin geschilderten dramatischen Episoden treten die *Samurai* als stolze Helden auf, die sich ihrer Überlegenheit über die anderen Gruppen der Gesellschaft voll bewußt sind. Darin erinnern sie an die europäischen Ritter, denen sie auch sonst in vielem gleichen. Wie jene tragen sie in der Schlacht eindrucksvolle Rüstungen, dazu oft phantastische Helme, die ihnen das Aussehen von riesigen Insekten verleihen, und über dem Gesicht furchterregende Ledermasken. Ihre Kampfesweise ist wild und ungestüm. So als ginge der Tod sie nichts an, stürzen sie sich bedenkenlos ins wüsteste Getümmel. Ehe sie die Schmach der Gefangenschaft erdulden, geben sie sich lieber selbst den Tod. Mit besiegten Feinden können sie kalt und gnadenlos verfahren, aber sie konnten auch nachsichtig, ja, ehrerbietig und milde sein – eben »ritterlich«. Die persönliche und die Familienehre gilt ihnen alles. Unehrenhaft zu handeln bedeutet tiefste Schande, die schwerer wiegt als das Leben.

Der *Gempei-Krieg* endete, wie gesagt, 1185. Falls der Kaiser und der Hofadel damals gehofft haben sollten, die *Minamoto*, ihre alten Verbündeten, würden ihnen jetzt, nach dem Triumph über die *Taira*, wenigstens einen Teil der Macht zurückerstatten, so irrten sie sich gründlich. Tatsächlich dachte deren machtbewußter Führer *Minamoto Yoritomo* (1147–1199) nicht im Traum daran, die Macht der Krieger-Kaste zu schmälern. Im Gegenteil. Sein Plan war es, die Herrschaft der *Samurai* auf Dauer zu sichern. Dabei hatte er nicht die Absicht, die geheiligte Person des *Tenno* anzutasten – der sollte das göttliche Sinnbild des Landes bleiben. Die weltliche Macht aber sollte für immer in den Händen der *Samurai* liegen.

Wie organisierte Minamoto Yoritomo den ersten Samurai-Staat?

Nach seinem Sieg über die *Taira* ergriff *Minamoto Yoritomo* eine Reihe einschneidender Maßnahmen. Die wichtigste: er baute sein Armee-Hauptquartier, das Fischerdorf *Kamakura*, zur glanzvollen Residenzstadt aus und ließ sich dort nieder. *Kamakura* liegt, von *Kyoto* aus gesehen, im Nordosten, jenseits der japanischen Alpen, über 300 Kilometer Luftlinie von der kaiserlichen Hauptstadt entfernt. Mehr als viele Worte zeigt dieser Entschluß *Yoritomos*, worauf es ihm ankam: die alte Welt des Kaiserhofes und das neue Machtzentrum der *Samurai* sollten für immer voneinander getrennt sein. Der Kaiser mochte zwar da-, sollte aber nicht dabeisein.

Diese Abbildung aus einem Kostümbuch der Tokugawa-Zeit zeigt einen Shogun in Hoftracht. Anstelle der sonst üblichen zwei Schwerter des Samurai-Kriegers trägt er hier nur eines.

Im Jahre 1192 ernannte der *Tenno Yoritomo* zum *Sei-i tai Shogun*, zum »Oberbefehlshaber zur Niederwerfung der Barbaren«. Dieser Ehrentitel war schon früher an verdiente Feldherrn vergeben worden. Jetzt aber, in Verbindung mit der Person *Yoritomos*, erhielt er eine ganz neue Bedeutung. Von nun an war der *Shogun* der unbestritten mächtigste Mann im Lande: ranghöchster *Samurai* und Leitender Minister in einem. Er allein bestimmte, was zu geschehen hatte, und der Kaiser durfte dazu bald nur noch seine Zustimmung geben oder, wenn er das Spiel nicht mitspielen wollte, freiwillig abdanken.

Um seinen politischen Plänen Geltung zu verschaffen, schuf *Yoritomo* in *Kamakura* eine neue Reichsverwaltung, das sogenannte *Bakufu*. Das *Bakufu* war eine Militärregierung, an deren Spitze der *Shogun* selbst stand. Wie er waren auch die meisten seiner Minister oder deren engste Mitarbeiter *Samurai*. So war dafür gesorgt, daß der Geist der Kriegerkaste in alle Bereiche des öffentlichen Lebens eindrang.

Als erfahrener Feldherr wußte *Yoritomo*, daß es nicht genügte, Befehle zu erteilen – sie mußten auch befolgt werden. Um das sicherzustellen, besetzte er in den Provinzen alle wichtigen Posten – Gouverneure, Richter, Domänenverwalter und andere – mit Männern, die sich im *Gempei-Krieg* sein Vertrauen erworben hatten. Darüber hinaus schuf er in jeder Provinz zwei neue Ämter: das des Militärgouverneurs (japanisch: *Shugo*), der für alle Militär- und Polizeiangelegenheiten in seinem Bereich zuständig war, und das des militärischen Landverwalters (japanisch: *Jito*), dem unter anderem die Kontrolle von Steuern und Abgaben oblag. *Shugo* und *Jito* waren dem *Bakufu* direkt verantwortlich. Sie hatten regelmäßig in *Kamakura* zu erscheinen und dort ausführlich Bericht zu erstatten. Auf diese Weise waren der *Shogun* und seine Minister über alles, was im Lande vorging, bestens unterrichtet und konnten, wenn nötig, rechtzeitig eingreifen.

Minamoto Yoritomo (1147–1199), Begründer des Samurai-Staates und erster Shogun Japans. Das ausdrucksvolle Holzbildnis entstand bald nach seinem Tode.

Mit dem Staat von *Kamakura* und seinen charakteristischen Einrichtungen (*Shogun*, *Bakufu* und örtliche Militärregierungen in den Provinzen) begann in der Geschichte Japans ein neues Kapitel. Zwar blieb der Kaiser Staatsoberhaupt und sein Hofstaat einflußreich, aber ihre Vormachtstellung hatten beide verloren. Nicht mehr der zivile Hofadel lenkte fortan die Geschicke des Landes, sondern der kriegerische Schwertadel – die *Samurai*.

Wie entwickelte sich der Samurai-Staat bis zum 16. Jahrhundert?

Die von *Minamoto Yoritomo* 1192 begründete Militärregierung, das *Bakufu* von *Kamakura,* bestand ca. anderthalb Jahrhunderte. Sein Ende kam ziemlich unvermittelt, als im Jahre 1333 ein Heer aufständischer Samurai die Stadt stürmte und der in die Enge getriebene Statthalter des *Shogun* mit 800 Gefolgsleuten im Angesicht der brennenden Häuser feierlich Selbstmord beging.

Die näheren Umstände dieser Ereignisse sind ziemlich verwickelt, in unserem Zusammenhang aber auch nicht wichtig. Für die Geschichte der *Samurai* bedeutsam aber sind die Folgen der Rebellion. Zum einen führte die gewaltsame Entmachtung der *Minamoto* und ihrer Anhänger dazu, daß die *Shogun*-Würde auf die eigentlichen Sieger in diesem Kampf, die Familie *Ashikaga*, überging. Und zweitens ließ der neugekürte *Ashikaga-Shogun* das zerstörte *Kamakura* hinter sich und zog mit dem gesamten *Bakufu* in das kaiserliche *Kyoto* um.

Diese Maßnahme erwies sich als ein verhängnisvoller Fehler. Denn kaum in *Kyoto*, waren die im Regieren noch unerfahrenen neuen *Samurai*-Führer bereits tief in die Machenschaften und Intrigen des kaiserlichen Hofes verstrickt. Was aber noch schwerer wog: die an Geradlinigkeit und Disziplin gewöhnten Krieger versanken in der verführerisch schönen Hauptstadt hoffnungslos in Luxus und Wohlleben. Um mit dem arroganten Hofadel gleichzuziehen, ließen sich der *Shogun* und die führenden *Samurai* prächtige Häuser bauen, nahmen an Empfängen, Festen und Theateraufführungen teil, ergingen sich in den stimmungsvollen Gärten, hielten sich teure Konkubinen und – vernachlässigten darüber die Regierungsgeschäfte.

Die Folgen dieses Mißstandes ließen nicht lange auf sich warten. Sobald die Militärgouverneure in den Provinzen, die bisher vom *Shogun* an straffem Zügel geführt

Das dramatische Ende der Militärregierung von Kamakura (1333): Als das Samurai-Heer der Rebellen die Regierungshauptstadt besetzte, zog sich der Statthalter des Shoguns auf einen Friedhof zurück und beging mit 800 Getreuen in einer Höhle Seppuku – Selbstmord durch Aufschlitzen des Bauchs.

Urbild des vornehmen Samurai-Kriegers: Ashikaga Takauji (1305–1358), der erste Shogun aus der Familie Ashikaga, in prächtiger Rüstung.

worden waren, merkten, daß der harte Griff des *Bakufu* sich lockerte, begannen sie ihre eigene Politik zu betreiben – mit verheerenden Auswirkungen für die Einheit des Staates. Schon im Laufe des 15. Jahrhunderts gaben sich viele der örtlichen Machthaber wie selbständige Fürsten – japanisch: *Daimyo* (»großer Name«). Sie unterhielten eigene *Samurai*-Truppen und überfielen damit ihre Nachbarn und andere vermeintliche Feinde, bis aus Scharmützeln ein regelrechter Bürgerkrieg wurde, der mehr und mehr außer Kontrolle geriet.

Die letzte Phase dieses Kampfes aller gegen alle wird in den Chroniken als *Sengoku Jidai*, »Zeit der kämpfenden Lande« bezeichnet. Sie dauerte von 1478 bis 1577, also rund ein Jahrhundert. Es war, ähnlich wie der Dreißigjährige Krieg in Europa, eine für Land und Leute grauenvolle Zeit, aber ganz nach dem Geschmack der streit- und todessüchtigen *Samurai*, die hier ihre Kampfeslust ungehemmt austoben durften.

In der allgemeinen Raserei ereigneten sich Dinge, die vordem undenkbar gewesen wären. So kam es immer häufiger vor, daß Söldnerführer oder irgendwelche Dunkelmänner ihre *Daimyo*, denen sie eben noch Treue geschworen hatten, ermordeten oder vertrieben und sich selbst an ihre Stelle setzten. Ein Umsturz von unten also, den die Historiker *Gekokujo* nennen: »Die da unten stürzen die da oben.« Wie diese Orgie aus Blut und Verrat das gesellschaftliche Gefüge Japans erschütterte, mögen zwei Zahlen belegen: Zu Beginn der »Zeit der kämpfenden Lande« gab es in Japan etwa 260 *Daimyo*, die allesamt aus vornehmen *Samurai*-Geschlechtern stamm-

Der traumhaft schöne »Goldene Pavillon« gehörte zur Villa des Shoguns Ashikaga Yoshimitsu (1358–1408) und vermittelt einen Eindruck vom Luxus der Samurai-Führer in der Ashikaga-Zeit.

ten. Am Ende waren davon nur noch ein Dutzend übrig. Statt dessen gab es jetzt rund 250 sogenannte *Sengoku Daimyo*: kleinere, aber um so ehrgeizigere Provinzfürsten von oft zweifelhafter Herkunft, die in den Wirren der Zeit den Aufstieg aus eigener Kraft geschafft hatten.

Um die Mitte des 16. Jahrhunderts sah es so aus, als werde das vom Bürgerkrieg geschüttelte Kaiserreich für immer in Teilstaaten auseinanderbrechen. Nur noch ein Wunder, so schien es damals, konnte den endgültigen Zerfall aufhalten und dem Land den Frieden wiedergeben.

Wann und durch wen wurde die Einheit Japans wiederhergestellt?

Das Wunder geschah. Ein kleiner *Daimyo* von der Pazifikküste, *Oda Nobunaga* (1534–1582), wurde gänzlich unvermutet zum Retter des Landes. *Nobunaga* war ein außergewöhnlicher Mann: gedankenscharf, vorurteilsfrei, kühl und bauernschlau, dazu ein genialer Feldherr. Mit ungewöhnlichen Einfällen und grausamer Entschlossenheit gelang es ihm in wenigen Jahren, die Landesmitte mit der Hauptstadt *Kyoto* in seine Gewalt zu bringen. 1573 jagte er den letzten *Ashikaga-Shogun* aus dem Amt. Für Japan war es beinahe eine Katastrophe, als *Nobunaga* 1582 von einem gekränkten General angegriffen wurde und dabei in den Flammen seines Hauses den Tod fand.

Daß das Einigungswerk dennoch fortgeführt wurde, verdankt das Land *Nobunagas* tüchtigstem General: *Toyotomi Hideyoshi* (1536–1598). *Hideyoshi* war ein Emporkömmling, häßlich, ungebildet und geltungssüchtig, aber intelligent, willensstark und vor allem ein glänzender Stratege. Mit rücksichtsloser Geradlinigkeit setzte er nach *Nobunagas* Tod fort, was sein Förderer begonnen hatte. Bereits 1588 war er mächtig genug, um auch in entfernten Gebieten Landaufseher einzusetzen und den Bürgern – mit Ausnahme

Oda Nobunaga (1534–1582) rettete Japan, indem er mit List und Tatkraft den 100jährigen Bürgerkrieg beendete, der das Land zu zerreißen drohte.

der *Samurai* – die Ablieferung aller Waffen zu befehlen. 1592 griff *Hideyoshi* mit 200 000 Mann Korea an. Man hat vermutet, dies sei mit Bedacht geschehen, um die kampfversessenen *Samurai* vom eigenen Lande abzulenken. Wie dem auch sei: jedenfalls kehrten von dem überseeischen Abenteuer Zigtausende möglicher Unruhestifter nicht mehr in die Heimat zurück.

Als *Hideyoshi* 1598 starb, hinterließ er die Herrschaft seinem unmündigen Sohn, für den ein Regentschaftsrat die Staatsgeschäfte führen sollte. Aus dieser Runde löste sich alsbald ein Mann, der die Einigung Japans vollendete: *Tokugawa Ieyasu* (1542–1616). *Ieyasu* war nicht der Typ des Helden, aber in dem dicklichen Körper steckte ein stählerner Wille und ein glasklarer Verstand. Vor allem aber konnte er geduldig auf seine Stunde warten. Im Jahre 1600 vernichtete er in einer blutigen Schlacht das letzte Aufgebot seiner Gegner. Drei Jahre später ernannte ihn der Kaiser zum *Shogun*.

Damit begann für Japan die *Tokugawa*-Zeit, eine Zeit, die dem Land 250 Jahre Frieden bescherte. Nur einmal noch wurde

Nach der Ermordung Oda Nobunagas setzte sein General und Vertrauter Toyotomi Hideyoshi (1536–1598) (links) sein Einigungswerk fort. Dessen Nachfolger Tokugawa Ieyasu (1542–1616) (rechts) vollendete den neuen Samurai-Staat, der 250 Jahre lang Bestand hatte.

die Ruhe kurz unterbrochen, als *Ieyasu* 1614/15 den nun erwachsenen Sohn *Hideyoshis*, der auf die Nachfolge seines toten Vaters nicht verzichten wollte, mit List und Waffengewalt beseitigte. Danach aber trat eine dauerhafte Friedensordnung in Kraft, der sich auch die kampfversessenen *Samurai*, wenngleich zähneknirschend, fügen mußten.

Wie lebten die Samurai in der Tokugawa-Zeit?

Nachdem die »Zeit der kämpfenden Lande« vorüber war, gingen *Tokugawa Ieyasu* und seine Nachfolger daran, dem zerrissenen und ausgebluteten Land eine neue staatliche Ordnung zu geben. Der Staat, der ihnen vorschwebte, sollte niemandem mehr Gelegenheit geben, Verschwörungen anzuzetteln, unkontrolliert Gewalt auszuüben oder gar einen Bürgerkrieg zu beginnen. Um jede Art von Unbotmäßigkeiten bereits im Keim zu ersticken, ergriffen die neuen Männer einschneidende Maßnahmen.

Eine davon galt dem Kaiser. Ihm und dem Hofadel mit seinen ewigen Intrigen wurde jede politische Betätigung untersagt. 1615 erließ *Ieyasu* eine Verordnung, mit der die Rechte des *Tenno* drastisch eingeschränkt wurden: auf religiöse Handlungen, auf Zeremonien an Staatsfeiertagen und auf die Pflege von Philosophie und Dichtung.

Um die politische Macht in den Händen der Kriegerkaste dauerhaft zu sichern, besetzte *Ieyasu* alle Schlüsselpositionen im Lande, von der höchsten bis zur geringsten, mit treu ergebenen *Samurai*.

Im einzelnen sah die neue Ordnung so aus: An der Spitze der Staatsorgane stand der ranghöchste *Samurai*: der *Shogun*. Er hatte seinen Amtssitz in *Yedo*, der heutigen Landeshauptstadt *Tokyo*. Von dort herrschte er über das Land wie ein absoluter Monarch: sein Wort war Gesetz; was er wollte, geschah.

Unter dem *Shogun* rangierte die Militärregierung: das *Bakufu*. Wie alle Inhaber hoher Ämter im *Tokugawa*-Staat entstammten die meisten seiner Minister führenden *Samurai*-Familien. Aufgabe des *Bakufu* war es, die Weisungen des *Shogun* in praktische Politik umzusetzen und

seinen Befehlen im ganzen Lande Geltung zu verschaffen.

Nächst dem *Shogun* und dem *Bakufu* waren die höchsten Würdenträger im *Tokugawa*-Staat die *Samurai*-Fürsten: die *Daimyo*. Ihnen oblag es, die 260 Provinzen des Landes zu verwalten, allerdings nicht wie vor dem Bürgerkrieg nach eigenem Gutdünken, sondern nach den Richtlinien des *Bakufu*, dem sie strenge Rechenschaft schuldeten und von dem sie jederzeit abberufen oder in eine andere Provinz versetzt werden konnten.

Von den gewöhnlichen *Samurai* war eine Minderheit dem *Shogun* in *Yedo* direkt zugeordnet. Die große Masse aber – rund 400 000 Krieger mit ihren Familien – unterstand den *Daimyo* in den Provinzen. Dort lebten die meisten in den Provinzhauptstädten – teils in der Burg ihres Herrn, teils in kleinen Häusern ringsum. Aus den Landbewohnern von einst waren also Stadtbewohner geworden.

An ihrem Wohnsitz übernahmen die *Samurai* Aufgaben, die ihr *Daimyo* ihnen übertrug. Einige hatten militärische Pflichten: sie dienten in der Polizeitruppe oder in der Leibgarde oder sie versahen den Wachdienst in der Burg. Die meisten aber leisteten zivile Arbeit: sie verwalteten Ländereien und Lagerbestände, zogen Steuern ein, rekrutierten Fronarbeiter oder leiteten Bauarbeiten. Dafür wurden sie regelmäßig entlohnt. Heute würden wir sagen: sie waren Beamte.

Doch diese »Beamten« fühlten sich nicht als Zivilisten, sondern weiterhin als Krieger und zudem als Elite der Nation. Der Grund dafür lag zum einen in ihrer militärischen Erziehung und in den regelmäßigen Waffenübungen, zu denen sie auch in Friedenszeiten verpflichtet waren. Noch wichtiger für ihr Selbstbewußtsein war jedoch die Ausnahmestellung, die das Gesetz ihnen zubilligte. Schon bald nach seinem Amtsantritt als *Shogun* hatte *Ieyasu* die Bevölkerung in vier Stände unterteilt: in *Samurai*, Bauern, Handwerker und Kaufleute. »Die *Samurai* aber«, so hieß es in der einschlägigen Bestimmung, »sind die Herren unter den vier Ständen.«

Was das in der Praxis bedeutete, kann man unter anderem an einem Vorrecht ablesen, das jeder *Samurai* – vom *Shogun* bis zum einfachen Wachsoldaten – besaß: am »Recht niederzustrecken und zu gehen«. Damit gemeint war das Recht, einem Bürger, der es an der gebotenen Hochachtung fehlen ließ, auf der Stelle den Kopf vor die Füße zu legen – was zuweilen auch geschah und widerspruchslos hingenommen wurde.

Die Bevölkerung hatte jedem Samurai mit größter Ehrerbietung zu begegnen. Wer das vergaß, riskierte, daß ihm der Beleidigte den Kopf vor die Füße legte.

Nach den schrecklichen Erfahrungen des 100jährigen Bürgerkriegs führten die Tokugawa-Shogune eine strenge Kontrolle der Landesfürsten ein. Von nun an mußte jeder der rund 250 Daimyo jedes zweite Jahr unter den Augen des Shoguns in der Hauptstadt verbringen – eine Art luxuriöser Geiselhaft. Seitdem zogen die fürstlichen Umzugskolonnen ständig durchs Land. Auf der Bildrolle oben ist ein Ausschnitt aus einem solchen Daimyo-Zug dargestellt. In der Mitte die Sänfte des Fürsten, beschützt von seinen Samurai. Davor und dahinter die Diener mit dem verpackten fürstlichen Hausrat.

Die Welt der Samurai

Woran orientierte ein Samurai sein Leben?

Wie wir gesehen haben, wurde die *Samurai*-Kaste nicht durch Rang, Besitz oder Lebensweise zusammengehalten – da gab es, vom *Shogun* bis zum einfachen Fußsoldaten, große Unterschiede. Entscheidend für das Gefühl der Zusammengehörigkeit war vielmehr ein gemeinsamer Traum: der Traum vom »ritterlichen« Menschen. Ein ritterlicher Mensch zu werden war das selbstverständliche Ziel eines jeden *Samurai*. Für den langen, beschwerlichen Weg dahin prägten ihre Vordenker einen eigenen Begriff: *Bushido* – »Weg des Kriegers«.

Bushido war das moralische Grundgesetz, an dem jeder *Samurai* sein Leben orientierte. In der Praxis bedeutete das vor allem den Erwerb und die Ausübung dreier grundlegender Tugenden: Treue, Pflichtbewußtsein und Mut.

Mit Treue (japanisch: *Chugi*) ist hier die älteste und ehrwürdigste aller *Samurai*-Tugenden gemeint: die Treue zum Herrn. Seinem Herrn unter allen Umständen die Treue zu halten, galt jedem *Samurai* als oberstes Gebot. »Wo wir auch sind«, heißt es dazu in dem berühmten Bekenntnis eines Kriegers aus dem frühen 18. Jahrhundert, »immer und überall ist es unsere Pflicht, das Wohl unseres Herrn zu wahren. Das ist das Rückgrat unseres Glaubens, unwandelbar und ewig wahr.«

Nächst der Treue war die zweite Grundtugend der *Samurai* das Pflichtbewußtsein (japanisch: *Giri*). Dahinter verbarg sich ein ganzes Bündel von moralischen Forderungen, die sehr ernst genommen wurden. Zum einen die Pflicht zur Selbsterziehung nach den Grundsätzen des *Bushido*. Drei Forderungen waren dabei besonders wichtig:

☐ Aufrichtigkeit (nicht lügen, nicht verleumden, nicht hinterhältig handeln);

☐ Bedürfnislosigkeit (Verachtung von

Unterricht im Speerkampf. Während der Lehrer einen geraden Speer: einen Yari, trägt, führt der Schüler eine Schwertlanze: die Naginata.

Geld, Besitz und anderen Annehmlichkeiten des Lebens);

☐ Anstand (die Gebote der Schicklichkeit beachten, Bescheidenheit zeigen, Gleichmut bewahren, weder Freude noch Schmerz äußern, schweigsam sein).

Pflichtbewußtsein umfaßte indes nicht nur die Pflicht zur Selbsterziehung nach den *Bushido*-Grundsätzen, sondern auch die Pflichten beim Umgang mit anderen. Gefordert waren hier vor allem:

☐ Ehrerbietung gegenüber Vorgesetzten, den Eltern, dem älteren Bruder, dem Freund, den Ahnen;
☐ Höflichkeit gegen jedermann;
☐ Mitgefühl mit Menschen in Not;
☐ Großmut gegenüber Kranken, Schwachen und Unterdrückten;
☐ Achtung gegenüber dem Feind.

Beim Waffen-Unterricht der jungen Samurai wurden zunächst Geschicklichkeit und Beweglichkeit eisern geübt.

Neben Treue und Pflichtbewußtsein war die dritte *Samurai*-Grundtugend der Mut (japanisch: *Yu*). Damit gemeint war nicht nur Kühnheit im Kampf, sondern ebenso Unerschrockenheit im Zivilleben – eine Haltung also, die der chinesische Philosoph Konfuzius in die Forderung gekleidet hatte: »Tue immer und unbeirrt das Rechte.« Wenn es darum ging, durfte ein Krieger niemals zögern, auch dann nicht, wenn es ihn das Leben kostete. Denn – so die Lehre des *Bushido* – »Rechttun ist alles, das Leben dagegen nichts«.

Hier befinden wir uns im Zentrum der *Samurai*-Moral: Weil *Bushido* jederzeit die Hingabe des eigenen Lebens fordern konnte, sollte ein echter *Samurai* das Leben für nichts erachten. Deshalb die ernste Mahnung im *Hagakure*, einer bald nach 1700 entstandenen Sammlung von *Samurai*-Texten: »*Bushido* bedeutet die entschiedene Bereitwilligkeit zum Tode. Wenn du dich am Scheidewege befindest und einen Weg wählen mußt, zögere nicht: wähle den Weg des Todes. Erst wenn deine Entschlossenheit, jederzeit zu sterben, eine feste Behausung in deiner Seele gefunden hat, erst dann hast du den Höhepunkt der *Bushido*-Lehre erreicht.«

Wie wurden die Söhne der Samurai erzogen?

Die Erziehung begann bereits im Märchenalter. Sobald der kleine *Samurai* nach einer Geschichte verlangte, suchten ihn seine Eltern für den Kriegerberuf zu begeistern, indem sie ihm vom *Gempei*-Krieg und den vielen anderen dramatischen Ereignissen der *Samurai*-Geschichte erzählten, in denen Japans Kriegshelden glänzende Siege errungen hatten oder aber, wenn es sein mußte, kaltblütig in den Tod gegangen waren. Solche Erzählungen weckten in dem Kind den glühenden Wunsch, selbst einmal so zu werden wie jene bewunderten Vorbilder.

Frühzeitig begann auch die praktische Erziehung, die zwar liebevoll, aber nach heutigen Begiffen übermäßig streng war. Angestrebt wurde vor allem, daß der Knabe seinen Körper und sich selbst zu beherrschen lernte. So erwartete man von ihm, daß er Schmerzen und anderes Ungemach klaglos ertrug. Kamen ihm einmal die Tränen, wurde er von seiner Mutter energisch zurechtgewiesen.

Neben eindringlichen Ermahnungen soll

Dieses Foto aus der zweiten Hälfte des 19. Jahrhunderts zeigt die typische Frisur der Samurai mit der kahlgeschorenen Stirn und dem hochgebogenen Zopf: der Mage.

ten gezielte Maßnahmen den Knaben an eiserne Disziplin gewöhnen. So weckte man ihn bereits in der Morgendämmerung, hieß ihn zuweilen im ungeheizten Zimmer spielen oder entzog ihm für geraume Zeit die Nahrung. Noch härtere Prüfungen folgten, wenn er alt genug war, um im benachbarten Tempel oder Kloster Lesen und Schreiben zu lernen: da hatte er den oft langen Weg bei Wind und Wetter ohne Mantel zurückzulegen und im Winter barfuß zu gehen. Später mußte er seine Angst bekämpfen, indem er die Nacht allein auf einem Friedhof oder auf dem Richtplatz zubrachte, inmitten von Gehängten, Geköpften und Gekreuzigten.

Während man dem Knaben so Selbstkontrolle, Härte und Furchtlosigkeit antrainierte, unterrichtete man ihn gleichzeitig im Gebrauch der Waffen. Dieser Teil der Ausbildung begann im Alter von fünf Jahren mit einer kleinen Feierlichkeit, bei der der künftige Krieger symbolisch eingekleidet und mit dem Schwert umgürtet wurde. Erste Unterrichtsfächer waren Schwimmen, Reiten und *Jiu-Jitsu*, die Kunst der Selbstverteidigung ohne Waffen. Auf diesen Grundunterricht folgte eine umfassende Ausbildung im Bogenschießen, im Speerkampf und im Fechten. Außerdem mußte sich der Jüngling weitere Fähigkeiten aneignen, zum Beispiel wie man mit gebundenen Händen und Füßen oder in voller Rüstung schwamm, wie man einen See mit Schlingpflanzen durchquerte und wie man ohne zu straucheln in reißenden Gewässern kämpfte.

Mit 15 Jahren war die Ausbildung beendet. Spätestens jetzt sollte der junge Mann so sein, wie ein echter *Samurai* zu sein hatte: »ruhig wie der Wald, unbewegt wie der Berg, kalt wie der Nebel, schnell im Entschluß wie der Wind und im Angriff heftig wie das Feuer«. Genügte er diesen Anforderungen, so wurde er in die Gemeinschaft der Krieger aufgenommen.

Die Aufnahmezeremonie, das sogenannte *Gempuku*, begann damit, daß

Bei seiner Aufnahme in den Ritterstand erhielt der Samurai-Knabe die erste eigene Rüstung (vorn). Diese hier ist der des Vaters (hinten) nachgebildet.

der um Aufnahme Ersuchende den Namen, mit dem man ihn in der Kindheit gerufen hatte, ablegte und seinen endgültigen Namen annahm. Danach schor man ihm den Vorderkopf und flocht die Haare des Hinterkopfes zum *Samurai*-Zopf: zur *Mage*, die mit Pomade getränkt und nach vorn gebogen wurde. Dann verlieh man dem jungen Krieger die eigentlichen Abzeichen seiner neuen Würde: das lange und das kurze Schwert. Und zum Schluß überreichte man ihm das *Eboshi*, die Lackmütze für den Alltag, und das *Kammuri*, die spitze Mütze für feierliche Anlässe.

Während gewöhnliche *Samurai*-Knaben die geschilderte private Erziehung und Ausbildung durchliefen, ließen der *Shogun*, die *Daimyo* und die höheren Ränge der Krieger-Kaste ihre Söhne in Eliteschulen erziehen. Solche Schulen gab es sowohl in *Yedo* als auch in vielen Provinzhauptstädten. Gelehrt wurde dort nicht nur die Kunst des Waffengebrauchs und selbstverständlich Lesen und Schreiben, sondern auch eine Vielzahl wissenschaftlicher und künstlerischer Fächer, zu denen Mathematik, Medizin, Arzneikunde und Politik ebenso gehörten wie Musik, Schönschrift und Dichtung. So kam es, daß die vornehmen jungen *Samurai* die Schule nicht nur als perfekte Kämpfer, sondern auch als gebildete und empfindsame Menschen verließen.

Wie sah die Rüstung der Samurai aus?

Die Rüstung der *Samurai* war eine höchst originelle Schöpfung japanischer Waffenschmiedekunst. Um das zu verstehen, ist es nützlich, einen vergleichenden Blick auf das europäische Mittelalter zu werfen. Bei uns in Europa schützten sich die Ritter seit der Mitte des 13. Jahrhunderts durch Metallplatten und -spangen, die im Laufe der Zeit zu einer ringsum geschlossenen eisernen Kapsel zusammenwuchsen. Dieser sogenannte »Plattenharnisch« ver-

An dieser Bronzefigur des berühmten japanischen Bildhauers Miyao aus dem späten 19. Jahrhundert kann man alle Einzelheiten der typischen Samurai-Rüstung erkennen. Wie eine solche Rüstung aufgebaut war, zeigt die folgende Doppelseite.

Unter der eigentlichen Rüstung trug der Samurai eine Unterhose aus Leinen (a). Darüber zog er einen leichten Kimono und darüber eine weite Hose (b). Deren weite Beinlöcher wurden von Stoffgamaschen zusammengehalten, die Socken und Hose fest miteinander verbanden (c).

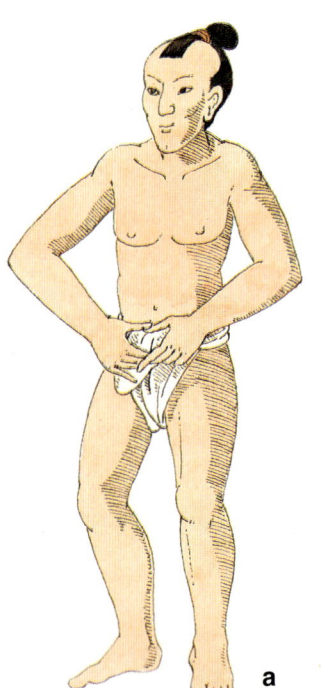

wandelte den Gewappneten in eine steife Puppe, die sich kaum bewegen konnte und darüber hinaus so schwer war, daß man sie in den Sattel heben und dort festbinden mußte. Stürzte der Eisenmann in der Schlacht vom Pferd, so war das sein sicheres Ende.

Ganz anders in Japan. Hier bestand die Rüstung, vom Unterkleid bis zu den Panzerhandschuhen, aus mindestens 23 Einzelteilen, die, wie die Bildfolge auf dieser Doppelseite zeigt, locker übereinandergezogen wurden. Dabei schützte der Samurai seinen Rumpf mit dem *Do*, einem Wams aus zusammengeknüpften Stahlplättchen, und seine Arme und Beine mit metallbesetzten Ledermanschetten. Eine solche Rüstung wog noch nicht einmal 25 Pfund und war verschieblich wie die Haut eines Hundes. Ihr Vorteil liegt auf der Hand: Während ihr Träger durch die schalenförmige Anordnung der Einzelteile und durch deren Elastizität gegen Pfeile, Lanzenstiche und Schwerthiebe hinlänglich geschützt war, konnte er sich dennoch frei bewegen, ohne Hilfe in den Sattel steigen,

Mit Metall bewehrt waren auch die Unterarmschienen und Teile der Lederweste (g). Jetzt erst zog der Samurai den eigentlichen Panzer über, der aus Brustteil, Rückenteil und einem kurzen geteilten Rock bestand (h). Darüber knüpfte er große bewegliche Flügel zum Schutz der Schultern (i).

Zum Schutz der Unterschenkel legte der Samurai lederne, mit Metallspangen besetzte Beinschienen an (d), während die Oberschenkel von einer gespaltenen Lederschürze abgeschirmt wurden (e). Die Hände steckten in Lederhandschuhen mit metallbewehrtem Rücken (f).

rennen, springen, klettern und, wie wir gesehen haben, sogar schwimmen. Nach der Schlacht aber brauchte er nur alles wie ein etwas zu steifes Kleid zusammenzufalten und für den Transport in eine kleine Kiste zu packen.

Doch die *Samurai*-Rüstung hatte noch zwei weitere Aufgaben. Zum einen betonte sie mit ihren leuchtenden Farben, kunstvollen Verzierungen und bunten Wappen den besonderen Rang ihres Trägers. Darüber hinaus aber sollte sie dem Feind imponieren und ihm Angst einjagen.

Eine durchaus begründete Erwartung! Denn ein *Samurai* in der feierlichen Pracht seiner Rüstung hatte für seinen Gegner tatsächlich etwas Bedrohliches. Zu diesem Eindruck trugen die wippenden Schulterflügel ebenso bei wie der eigentümliche Helm mit seiner weitausladenden Krempe und dem phantastischen, oft grotesken Helmzierat. Besonders unheimlich aber wirkte die starre Gesichtsmaske, durch die hindurch der *Samurai* seinen Gegner ins Auge faßte – kalt und unberechenbar wie ein bösartiges Insekt.

Ein breiter Ledergürtel, Dolch, Wehrgehänge und langes Kampfschwert vervollständigten die Rüstung (j). Zuletzt legte der Samurai das gepolsterte Helmband, die lederne Gesichtsmaske und schließlich den reichgeschmückten Helm an (k) – der Kampf konnte beginnen.

Die Schwerter der Samurai. Oben das Schwerterpaar für den Krieg: Tashi und Tanto, darunter das Schwerterpaar für den Frieden: Katana und Wakizashi.

Wie sahen die Schwerter der Samurai aus?

Im Gegensatz zum geraden und wuchtigen Schwert der europäischen Ritter war das japanische Schwert leicht gebogen und weniger schwer. Seine elegante Klinge, die reich dekorierte Scheide und ein mit bunten Seiden-

Links: Amtstracht der Samurai im Frieden mit dem dazugehörigen Schwerterpaar (Katana und Wakizashi). Rechts: Samurai, gerüstet und bewaffnet mit Tashi und Tanto.

schnüren umwickelter Griff machten es zur vielleicht schönsten Waffe der Welt.

Vor allem die japanischen Klingen genossen einen legendären Ruf. Jede einzelne wurde von einem erfahrenen Meister in wochenlanger geduldiger Arbeit kunstvoll geschmiedet. Dabei verwendete man Eisensorten verschiedener Härtegrade. Das Ergebnis war ein Stahl von höchster Qualität. Eine so hergestellte Klinge brach nicht, verbog nicht und – sie hatte die Schärfe eines Rasiermessers.

Um sich davon zu überzeugen, besaßen die *Samurai* das »Recht der Schwertprobe«. Dazu spannte man den Körper eines Hingerichteten oder auch einen zum Tode Verurteilten über einen Sandhaufen und hieb ihn mit einem einzigen gewaltigen Schlag in zwei Stücke.

Das japanische Schwert gab es in verschiedenen Ausführungen, die teils zur Rüstung, teils zur Privatkleidung getragen wurden – und zwar jeweils paarweise. Dabei bestand jedes Schwerter-Paar (japanisch: *Daisho*) aus einer längeren und einer kürzeren Waffe.

Zur Rüstung gehörte in erster Linie das *Tashi*: ein Kampfschwert, das – mit Schnüren am Gürtel befestigt – auf der linken Seite getragen wurde. Das *Tashi* hatte einen überlangen Griff, so daß es auch mit beiden Händen geführt werden konnte. Als zweite Waffe gehörte zur Rüstung das *Tanto*, ein etwa 30 Zentimeter langer Dolch, der griffbereit vorn im Gürtel steckte.

Sobald ein Samurai seine Rüstung ablegte und Privatkleidung anzog, tauschte er auch das »Kriegs-*Daisho*« gegen ein »ziviles« Schwerterpaar, von dem diesmal beide Teile im Gürtel getragen wurden. Ein solches »ziviles *Daisho*« bestand aus dem *Katana*, einem Langschwert, das dem *Tashi* ähnelte, aber keine Vorrichtung für die seitliche Aufhängung besaß, und dem *Wakizashi*, das man als eine vergrößerte Version des *Tanto* betrachten kann.

Im Leben und Denken der *Samurai* spielte das *Daisho* eine zentrale Rolle. Offiziell wies es seinen Träger als Angehörigen der höchsten Gesellschaftsschicht aus. Darüber hinaus aber betrachtete der einzelne seine beiden Schwerter auch als Zeichen seiner ganz persönlichen Würde und Ehre. Dementsprechend legte der *Samurai* sein *Katana* nur dann ab, wenn es die Etikette erforderte: bei Audienzen, bei Besuchen und zu Hause. Von seinem *Wakizashi* aber trennte er sich auch in den eigenen vier Wänden allenfalls in höchst privaten Situationen, vor dem Baden zum Beispiel und natürlich vor dem Schlafengehen. Aber auch dann noch waren die geliebten und verehrten Schwerter nicht weit: in einem

»Schwertprobe« an einem zum Tode verurteilten Verbrecher. Mit diesem blutigen Ritual wurden neue Schwerter vor der Übergabe auf Härte und Schärfe getestet.

Unterricht in einer Kenjutsu-Schule. Hier lernten Knaben aus vornehmen Samurai-Familien unter den Augen eines erfahrenen Lehrers die hohe Kunst des Schwertkampfs.

verzierten hölzernen Gestell standen sie stets griffbereit am Eingang zum Wohnzimmer, neben dem Schreibtisch oder am Kopfende der Schlafmatte.

Wie wir aus zeitgenössischen Quellen und Abbildungen wissen, betrachteten die *Samurai* den Schwertkampf als eine hochentwickelte Kunst, bei der es nicht auf gewaltsames Dreinschlagen ankam, sondern auf kaltblütiges Abschätzen der Situation, blitzschnelles Angreifen und absolute Treffsicherheit. Ziel dieser *Kenjutsu* genannten Schwertkunst war es, den Gegner überfallartig auszuschalten: durch einen Schnitt in den Hals, durch einen Stich in die Flanke oder aber durch gezieltes Abschlagen einer Gliedmaße.

Wie erlernten die Samurai den Schwertkampf?

Kenjutsu war also eine schwierige Kampftechnik, die der *Samurai* früh lernen und zeitlebens üben mußte. Um es darin möglichst weit zu bringen, besuchten diejenigen, die es sich leisten konnten, nach Abschluß ihrer Grundausbildung noch eine der vielen staatlichen oder privaten *Kenjutsu*-Schulen, an denen die besten Schwertmeister Japans lebten und unterrichteten.

Am Anfang jeder *Kenjutsu*-Unterweisung stand die »Kunst des Schwertziehens« – so bezeichnete man die Fähigkeit, aus jeder beliebigen Position, zum Beispiel aus dem Sitz mit untergeschlagenen Beinen, in Sekundenschnelle aufzuspringen, dabei die Klinge zu ziehen und augenblicklich die richtige Kampfstellung einzunehmen. Für die weiter fortgeschrittenen Schüler wurden die entsprechenden Übungen später mit ausgeklügelten Zielübungen verknüpft.

Neben dem Training von Schnelligkeit, Wendigkeit und Treffsicherheit begann schon früh der Unterricht »am Mann«. Dabei kämpfte man zunächst mit Holzstäben, später mit stumpfen und dann erst mit scharfen Schwertern. In diesem Abschnitt der *Kenjutsu*-Ausbildung lernte der junge *Samurai* zuerst die sechzehn vorgeschriebenen Grundschläge: abwärtsgerichtete, aufwärtsgerichtete, schräge und kreisende. Erst wenn er all diese Schläge sicher beherrschte, ging es an den eigentlichen Lehrstoff: die verschiedenen Methoden des Angriffs und der Verteidigung, von denen später auf dem Schlachtfeld sein Leben abhing.

Höhepunkt des *Kenjutsu* aber war der Zwei-Schwerter-Kampf. Dabei stand der Betreffende, mit *Katana* und *Wakizashi* gleichzeitig kämpfend, einer ganzen Gruppe von Feinden gegenüber. Wer sich diese komplizierte Kampftechnik aneignen wollte, mußte über beinahe akrobatische Fähigkeiten verfügen. Gleichwohl beherrschten viele *Samurai* auch diesen schwierigen Teil der Schwertkunst meisterhaft. Wie weit man es darin bringen konnte, zeigt das Beispiel des berühmten *Kenjutsu*-Meisters *Kami-izumi Ise-no-kami Hidetsuna*, von dem berichtet wird, er habe es mit sechzehn Speerkämpfern gleichzeitig aufgenommen und dabei stets gesiegt.

Die beiden wichtigsten und häufigsten Waffen der *Samurai* neben dem Schwert waren Bogen und Lanze.

Welche Hauptwaffen führten die Samurai neben dem Schwert?

Mit Abmessungen von 180–220 Zentimetern erscheint der japanische Bogen auffallend lang. Eine weitere Besonderheit war seine Asymetrie,

Höhepunkt japanischer Fechtkunst war der Kampf mit zwei Schwertern. Viele Samurai beherrschten diese Kunst so vollkommen, daß sie es mit mehreren Gegnern zugleich aufnehmen konnten.

Der Langbogen der Samurai war wegen seiner großen Reichweite und gewaltigen Durchschlagskraft eine äußerst gefährliche Waffe.

bedingt durch einen »Spannpunkt« (so heißt die Stelle, von der der Pfeil abfliegt), der weit unterhalb der Mitte lag. Gefertigt wurde dieser *Samurai*-Bogen aus mehreren Lagen feinsten Bambus-Holzes. Seine Schub- und Durchschlagskraft war gewaltig; Reichweiten von 300 Metern und mehr waren nichts Außergewöhnliches. Bewegliche Ziele von der Größe eines Hundes konnte ein geübter Schütze noch aus 150 Meter Entfernung sicher treffen.

Die Munition für seinen Bogen, etwa 25 Pfeile, trug der *Samurai* in einem kastenförmigen Köcher auf dem Rücken. Die meisten dieser 1 Meter langen, gefiederten Geschosse waren mit scharf geschliffenen Stahlspitzen bewehrt. Daneben verfügten die Krieger auch über Pfeile mit leicht entflammbaren Köpfen, die als Brandpfeile auf hölzerne Palisaden oder Burggebäude abgeschossen werden konnten.

Die dritte Hauptwaffe der *Samurai* neben Schwert und Bogen war die Lanze. Als reguläre Waffe kam sie erst im Laufe des 14. Jahrhunderts auf, zu einer Zeit, als immer mehr Krieger aus dem Sattel stiegen und so als Fußkämpfer beide Hände frei hatten. Fortan spielten Lanzen in allen großen Feldschlachten eine zunehmend wichtige Rolle und berühmte Lanzenkämpfer genossen hohes Ansehen.

Japanische Lanzen waren Waffen von höchster Qualität. Ihre Stangen bestanden aus erstklassigen Holzsorten; die eleganten Stahlspitzen wurden von denselben Meistern geschmiedet, die auch die einzigartigen Schwertklingen herstellten.

Am weitesten verbreitet war die einfache Lanze, japanisch: *Yari*. Ihre lange gerade Spitze besaß zwei messerscharfe Schneiden. Eine zweite, kürzere Spitze befand sich am anderen Ende des Schaftes. Mit dem *Yari* konnte man also nach zwei Seiten hin kämpfen.

Abwandlungen des *Yari* gab es in vielerlei Gestalt. Manche dieser komplizierten Stichwaffen waren mit zwei oder drei Spitzen ausgestattet. Andere besaßen

Eine typische Samurai-Waffe war die Schwertlanze: die Naginata. Mit ihrer rasiermesserscharfen Stahlklinge konnte man den Gegner nicht nur erstechen, sondern ihm auch die Gliedmaßen vom Leibe trennen.

seitlich angeschmiedete Haken, Messer oder Beile. Und wieder andere waren mit Stacheln besetzt, so daß sie fürchterliche Wunden rissen.

Der zweite Lanzentyp neben dem *Yari* war die sogenannte *Naginata*. Aus ihrem deutschen Namen »Schwertlanze« geht hervor, daß diese gefürchtete Waffe eine klingenförmige Spitze besaß, die dem japanischen Schwert ähnelte. Mit der rasiermesserscharfen *Naginata* konnte ein geübter Kämpfer nicht nur die Fußsehnen des Gegners durchtrennen und klaffende Wunden schlagen, sondern auch heranfliegende Pfeile unschädlich machen.

Eine zweite Samurai-Lanze neben der Naginata war der Yari. Mit seiner geraden, beidseitig geschliffenen Stahlspitze war er eine Waffe, die wirkungsvoll gegen Berittene eingesetzt werden konnte.

Feuerwaffen lernten die *Samurai* erstmals im Jahre 1543 kennen. In diesem Jahr landete auf der südjapanischen Insel *Tanegashima* ein portugiesisches Handelsschiff, dessen Kapitän dem zuständigen *Daimyo* einige europäische Musketen als Gastgeschenk überreichte. Es waren die damals üblichen Vorderlader, die mit Pulver und einer Bleikugel gestopft und mit einer Lunte gezündet wurden. Das seltsame Geschenk erregte großes Aufsehen. Nachdem die Portugiesen den staunenden *Samurai* die Gewehre vorgeführt und die Zubereitung des Schießpulvers erklärt hatten, befahl der *Daimyo* seinen Waffenschmieden, die unheimlichen »Feuerrohre« nachzubauen, was auf Anhieb gelang. Ein halbes Jahr später konnte man bereits 600 Mann damit ausrüsten.

Benutzten die Samurai auch Feuerwaffen?

Die Nachricht von den geheimnisvollen neuen Waffen verbreitete sich wie ein Lauffeuer und löste im ganzen Lande fieberhafte Aktivitäten aus. Schon bald gab es in allen größeren Städten Musketenmacher. Unweit von *Osaka*, in der kleinen Küstenstadt *Sakai*, entwickelte sich sogar eine regelrechte Gewehrindustrie.

Aus *Sakai* bezog auch *Oda Nobunaga* seine Feuerwaffen, als er auszog, die »Zeit der kämpfenden Lande« zu beenden und Japan wiederzuvereinigen (vergleiche dazu Seite 16). Der Erfolg dieser klugen Maßnahme übertraf die kühnsten Erwartungen: in der entscheidenden Schlacht von *Nagashino* (1575) mähten seine 3000 Musketenschützen den zu Pferde heranpreschenden Gegner mit gezielten Gewehrsalven nieder. Die Lektion war so eindrucksvoll, daß auch seine Nachfolger, die »Reichseiniger« *Toyotomi Hideyoshi* und

Dieser Holzschnitt aus einem altjapanischen Buch zeigt Samurai, die im Pfeilhagel des Gegners mit Musketen schießen. Musketenschützen gehörten in der Regel zur Unterschicht der Kriegerkaste.

Zwei in Japan hergestellte Musketen, wie sie auch von Samurai benutzt wurden. Solche Vorderladergewehre wurden mit Pulver und Kugel geladen und mit einer Lunte gezündet. Ein geübter Schütze konnte damit 5 Schüsse pro Minute abgeben. Die Reichweite betrug etwa 200 Meter.

Tokugawa Ieyasu, die neue Taktik übernahmen. Ihr vor allem verdankten sie die glänzenden Siege, mit denen sie das Werk *Oda Nobunagas* schließlich vollendeten und damit dem Land Einheit und Frieden wiedergaben.

Feuerwaffen haben also in der Geschichte Japans eine entscheidende Rolle gespielt. Gleichwohl konnten sie sich in der Kriegerkaste niemals wirklich durchsetzen. Zwar duldete man ihren Gebrauch, rüstete auch die untersten *Samurai*-Ränge damit aus, wollte aber selbst möglichst wenig mit ihnen zu tun haben. Der Grund für diese negative Haltung ist leicht auszumachen: Feuerwaffen paßten nicht zum »Weg des Kriegers«. In einem ehrenvollen Kampf sollten sich die Gegner von Angesicht zu Angesicht gegenübertreten, und dabei sollte derjenige siegen, der entschlossener, geschickter und ausdauernder war. Gewehre aber verwandelten die Schlacht in ein Gemetzel, in dem die ritterlichen Tugenden nur noch eine Nebenrolle spielten. Deshalb hatte auch niemand ein Interesse daran, diese unbestreitbar wirksamen Waffen weiterzuentwickeln. Als der *Samurai*-Staat in der Mitte des 19. Jahrhunderts zusammenbrach, waren japanische Gewehre noch immer dieselben primitiven Vorderlader, die die Portugiesen 300 Jahre zuvor ins Land gebracht hatten.

Wie auf Seite 8 dargestellt, waren die *Samurai* ursprünglich Landbewohner gewesen: Männer, die ihre Güter verwalteten und nur dann zu den Waffen eilten, wenn sie von ihrem Lehnsherrn gerufen wurden. Jahrhunderte später, nach dem Zerfall der alten Ordnung und dem Neubeginn unter *Tokugawa Ieyasu* (1543–1616), hatten sich die Verhältnisse von Grund auf geändert. Japan war jetzt ein einheitlicher, von *Shogun* und *Bakufu* straff regierter Militärstaat, in dem von den rund 400 000 *Samurai* nur noch einige Tausend wie früher als selbständige Lehnsleute auf dem Lande saßen. Weitaus die meisten Angehörigen der Kriegerkaste lebten fortan in den Städten des Landes: die unmittelbaren Gefolgsleute des *Shogun* in der Hauptstadt *Yedo*, der weit überwiegende Teil jedoch in den rund 250 Provinzhauptstädten, wo sie im Dienste der *Daimyo* standen.

Wo wohnten die Samurai?

Aus den Landbewohnern von einst waren also Stadtbewohner geworden. Die neuen Verhältnisse spiegelten sich im Aufbau der Städte wider. In deren Mitte erhob sich – als Blickfang und Herrschaftszeichen – die prächtige Burg des Landesherrn. Dort lebten nicht nur der *Daimyo* selbst mit seiner Familie, dort lebten auch alle *Samurai*, die tagtäglich bei Hofe Dienst taten.

Das waren zunächst die engsten Mitarbeiter des *Daimyo*: Minister, Berater, Sekretäre, Botschafter und so weiter. Darüber

Burg Osaka (oben) war eine der stärksten Festungen Japans. Die Abbildung zeigt Wassergraben und Mauern der inneren Burg sowie den malerischen Bergfried mit den Gemächern des Daimyo. Rechts: Blick vom Bergfried der Himeji-Burg. Zu Füßen des inneren Festungsrings erkennt man die Häuser der Samurai; dahinter, in angemessenem Abstand, die Stadt mit den Häusern der Handwerker und Kaufleute.

hinaus wohnten auf der Burg diejenigen *Samurai*, die weitere wichtige Ämter bekleideten: Stallmeister, Waffenmeister, Baumeister, Befestigungsingenieure, Verwalter, Aufseher und viele andere mehr. Und schließlich gab es dort natürlich das Militär: Offiziere und Soldaten, die rund um die Uhr den Wach- oder Polizeidienst versahen, und andere, die hier für den Fall von Kriegen oder inneren Unruhen ständig einsatzbereit in Garnison lagen – alles in allem einige hundert Mann.

Um all diese Menschen mit ihren Familien unterzubringen, waren die Burgen sehr weiträumig angelegt. Neben dem Bergfried: dem turmartigen Palast des *Daimyo* im Zentrum mit seinen malerisch übereinandergetürmten Dächern und Giebeln, gab es hinter den äußeren Umfassungsmauern mehrere befestigte Plätze, zuweilen sogar ganze Straßenringe, an denen neben Waffenlagern, Wirtschaftsgebäuden und Pferdeställen auch die Wohnhäuser der *Samurai* lagen.

Wenn diese Wohnhäuser nicht ausreichten (und das war die Regel), wohnten die übrigen Krieger mit ihren Familien zu Füßen der Burgmauern. Ihre Häuser bildeten dann gleichsam den inneren Ring der Stadt, um den sich – im gehörigem Abstand – die Häuser der übrigen Stadtbewohner scharten.

In der Tokugawa-Zeit erschien in Japan ein Buch mit dem Titel *Onna Daigaku,* d. h. »Großes Lernen für Frauen«. In diesem grundlegenden Werk zeichnete der angesehene Gelehrte *Kaibara Ekken* (1630–1740) das Idealbild der *Samurai*-Frau nach, wie es sich in jahrhundertelanger Tradition herausgebildet hatte. Hier ein paar bezeichnende Sätze daraus:

Welche Rolle spielten die Frauen in der Samurai-Gesellschaft?

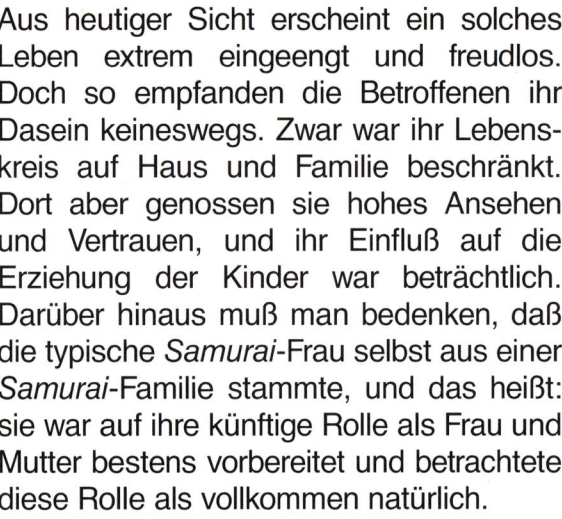

Eine Samurai-Frau wehrt sich mit dem kurzen Wurfspeer gegen einen bewaffneten Eindringling.

»Eine Frau hat keinen bestimmten Lehnsherrn. Also muß sie auf ihren Ehemann als auf ihren Herrn schauen und ihm mit aller Verehrung und Hochachtung dienen«. – »Die große, lebenslange Pflicht der Frau ist Gehorsam.« – »Eine Frau muß immer auf dem Posten sein und über ihre Lebensweise streng wachen. Am Morgen soll sie früh aufstehen und am Abend spät zur Ruhe gehen.« – »Wie viele Dienstboten eine Frau auch beschäftigen mag, niemals darf sie der Mühe ausweichen, sich um alles selbst zu kümmern. Sie muß die Kleidung ihres Schwiegervaters und ihrer Schwiegermutter nähen und ihnen das Essen bereiten. Stets darauf aus, die Ansprüche ihres Mannes zu erfüllen, muß sie seine Kleidungsstücke falten und seine Decke ausbürsten. Sie muß seine Kinder aufziehen, waschen, was schmutzig ist, und überhaupt immer im Mittelpunkt ihres Haushalts stehen.« – »Wenn eine Frau so handelt, können ihre ehelichen Beziehungen nur harmonisch und von Dauer sein, und ihr Haus wird eine Stätte des Friedens und der Eintracht sein.« – Zusammengefaßt: eine gute *Samurai*-Frau hatte gehorsam, selbstlos, pflichtbewußt und diszipliniert zu sein; und – sie hatte sich bedingungslos unterzuordnen.

Wollte eine Samurai-Frau sich selbst töten, durchstach sie mit ihrem Dolch eine der beiden Halsschlagadern.

Aus heutiger Sicht erscheint ein solches Leben extrem eingeengt und freudlos. Doch so empfanden die Betroffenen ihr Dasein keineswegs. Zwar war ihr Lebenskreis auf Haus und Familie beschränkt. Dort aber genossen sie hohes Ansehen und Vertrauen, und ihr Einfluß auf die Erziehung der Kinder war beträchtlich. Darüber hinaus muß man bedenken, daß die typische *Samurai*-Frau selbst aus einer *Samurai*-Familie stammte, und das heißt: sie war auf ihre künftige Rolle als Frau und Mutter bestens vorbereitet und betrachtete diese Rolle als vollkommen natürlich.

Im übrigen beschränkte sich die Erziehung der jungen Mädchen nicht allein auf die häuslichen Tugenden, wie sie im *Onna Daigaku* gefordert wurden. Vielmehr lernte die zukünftige *Samurai*-Frau zusammen mit ihren Brüdern von kleinauf auch den Umgang mit Waffen. Denn als Ehefrau wurde von ihr erwartet, daß sie bei Abwesenheit ihres Mannes Haus und Familie notfalls auch mit der Waffe in der Hand schützte. Deshalb lehrte man sie frühzeitig den Kampf mit der geraden Lanze *(Yari)*, der Schwertlanze *(Naginata)*, dem kurzen Wurfspeer *(Uchi-ne)* und dem kurzen Dolch *(Kaiken)*, den sie schon seit Mädchenzeiten tagsüber stets griffbereit bei sich trug.

Wie sehr der Geist der Kühnheit und Todesverachtung auch die Frauen der *Samurai* beseelte, zeigte sich immer dann, wenn es darum ging, die eigene Ehre zu verteidigen. Drohte einer etwa Vergewaltigung oder irgend eine andere Demütigung, so gab sie sich ohne zu zögern durch einen entschlossenen Dolchstich in den Hals selbst den Tod.

Im Jahre 1333 endete die erste Phase der Samurai-Herrschaft, das Shogunat von Kamakura (Seite 13/14), mit einer dramatischen Szene. Während Aufständische in die Stadt eindrangen und die Häuser in Flammen aufgingen, zogen sich die bedrängten Verteidiger auf den Friedhof des *Tosho-ji*-Tempels zurück. Dort, die Demütigung der Gefangenschaft vor Augen, zückten der Statthalter des *Shogun*, seine Familie und 800 seiner Gefolgsleute ihre Dolche und begingen, einer nach dem anderen, feierlich Selbstmord, indem sie sich den Bauch aufschlitzten.

Welche Rolle spielte der Selbstmord im Leben der Samurai?

Mehr als viele Worte zeigt dieser grausige Massenselbstmord den tiefen Wandel im Denken und Fühlen der Kriegerkaste, den 150 Jahre *Samurai*-Herrschaft bewirkt hatten. Zu den traditionellen *Samurai*-Tugenden Treue, Kühnheit, Schlichtheit und Geradlinigkeit war etwas Neues, Unheimliches

Um nach einer Niederlage der Schande der Gefangenschaft zu entgehen, zogen viele hochgestellte Samurai es vor, Seppuku zu begehen, indem sie sich auf dem Schlachtfeld den Bauch aufschlitzten.

hinzugekommen: eine düstere Lebensverneinung, die sich in der vollkommenen Gleichgültigkeit gegenüber dem eigenen Leben ausdrückte und in der Überzeugung: vor der persönlichen Würde und dem Ruhm des Kriegers ist der Tod »leicht wie eine Feder« – ein Nichts.

Diese radikale Verachtung des Todes prägte *Bushido*, »den Weg des Kriegers«, schließlich so nachhaltig, daß einer ihrer Lehrer die neue Moral auf die berühmte und vielzitierte Formel bringen konnte: »*Bushido* bedeutet die entschiedene Bereitwilligkeit zum Tode. Wenn du dich am Scheidewege befindest und einen Weg wählen mußt: wähle den Weg des Todes.« Praktisch bedeutete das: in bestimmten Situationen wurde Selbstmord für den *Samurai* zur Ehrenpflicht.

Eine dieser Situationen haben wir bei der Schilderung der dramatischen Ereignisse von *Kamakura* bereits kennengelernt: Es galt als schimpflich, nach einer Niederlage in Gefangenschaft zu geraten, was zur Folge hatte, daß nach jeder Schlacht viele, vor allem hochgestellte *Samurai* Selbstmord begingen.

Ein weiteres Motiv, sich selbst zu töten, wurde aus der Pflicht des Kriegers zu bedingungsloser Gefolgschaft hergeleitet. Viele *Samurai*, die ihrem Herrn besonders ergeben waren, verstanden das so, daß ein wirklich Getreuer seinem Herrn auch in den Tod folgen müsse. Die Konsequenz solchen Denkens war im Alten Japan blutige Wirklichkeit: sobald ein ranghoher *Samurai* fiel oder starb, war es gang und gäbe, daß auch einige seiner treuesten Gefolgsleute sich den Tod gaben. Schließlich nahm dieses todessüchtige Verhalten solche Ausmaße an, daß es vom *Bakufu* als Mißbrauch angeprangert und verboten werden mußte.

Ein dritter häufiger Grund für den Selbstmord war der Zusammenprall zweier widerstreitender Pflichten. Einerseits verbot das *Bushido*-Gebot der Ehrerbietung dem *Samurai*, seinem Herrn offen zu widersprechen. Andererseits durfte er aber auch nicht wegschauen, wenn derselbe Herr etwas Ungerechtes oder Unehrenhaftes tat. Wie sollte er sich in einer solchen ausweglos erscheinenden Situation verhalten? Der *Samurai* löste diesen Konflikt, indem er sich demonstrativ das Leben nahm. Das wirkte. Denn ein Selbstmord aus Protest bedeutete für den Herrn eine öffentliche Bloßstellung, die ihn oft zur Umkehr bewog.

Schließlich konnten Angehörige der Kriegerkaste durch Selbstmord ihrer Hinrichtung entgehen. Selbstverständlich wäre der Tod unter dem Beil des Henkers für jeden *Samurai* eine unerträgliche Schmach gewesen. Deshalb hatten zum Tode verurteilte Krieger das Recht, sich in einer feierlichen Zeremonie selbst zu töten. Ein solcher Tod vor den Augen hochrangiger Zeugen galt als vollkommene Sühne und beließ dem Verurteilten, worauf es ihm vor allem ankam: seine persönliche Ehre.

Auf welche Weise beging ein Samurai Selbstmord?

Wenn ein *Samurai* seinem Leben selbst ein Ende setzen wollte, so gab es dafür nur eine einzige ehrenvolle Methode: *Seppuku* – das »Aufschlitzen des Bauches«. Der zum Tode Entschlossene setzte sich mit gekreuzten Beinen auf den Boden, entblößte den Leib, stieß sich das *Wakizashi* oder den langen Dolch tief in die linke Flanke, zog die Klinge langsam zur rechten Seite hinüber und endete die äußerst schmerzhafte Prozedur mit einem kleinen Schnitt aufwärts. Allerdings kam es so weit nur selten, denn gewöhnlich öffnete der tiefe Schnitt bereits auf halbem Wege die im Bauchraum liegenden großen Gefäße, so daß der Betreffende in Sekundenschnelle verblutete.

Vermutlich ist *Seppuku* irgendwann zwischen 1150 und 1170 erfunden und erstmals vollzogen worden. Der qualvollen

Methode lag die uralte japanische Vorstellung zugrunde, daß die Seele und die tieferen Empfindungen des Menschen ihren Sitz im Bauche haben. Sich den Bauch zu öffnen bedeutete demnach: »Schaut her, in diesem, meinem letzten Augenblick sind meine Seele und meine Gedanken unbefleckt; ich sterbe in Reinheit.« Natürlich war für eine solche Tat ein fast übermenschlicher Mut nötig. Doch genau das machte *Seppuku* für die Kriegerkaste um so anziehender.

In späterer Zeit nahm der mit Bedacht ausgeführte Selbstmord immer mehr den Charakter einer feierlichen Zeremonie an. Insbesondere für das *Seppuku* eines zum Tode Verurteilten galten fortan feste Regeln. Den Rahmen bildete ein Kreis offizieller und privater Zeugen. Vor ihnen erschien der Todgeweihte in einem weißen Gewand, zusammen mit dem sogenannten *Kaikashu*, einem selbstgewählten Freund oder Verwandten, der die Aufgabe hatte, dem Sterbenden den Tod zu erleichtern, indem er ihm auf dem Höhepunkt der Zeremonie den Kopf abschlug. Während der Verurteilte öffentlich seine Schuld bekannte, sich niedersetzte und nach dem Dolch griff, trat der *Kaikashu* einen Schritt zurück und zog unhörbar sein *Katana* – das eigentliche Ritual des Todes hatte begonnen. Ein Moment tiefer Stille ... dann stach der wie abwesend Dasitzende sich den Dolch mit einer jähen Bewegung tief in die linke Bauchseite, zog ihn ohne eine Äußerung des Schmerzes langsam nach rechts hinüber, neigte sich, während ihm die Sinne schwanden, leicht vornüber und streckte den Hals vor. Das war der Augenblick, in dem der *Kaikashu* mit aller Kraft zuschlug. Während der Kopf

In der Tokugawa-Zeit konnten Samurai, die ein todeswürdiges Verbrechen begangen hatten, ihre Ehre dadurch wiederherstellen, daß sie vor Zeugen Seppuku begingen. Das feierliche Ritual aus Schuldbekenntnis (a), Einstechen des Dolches (b), Bauchaufschlitzen (c) und Enthauptung (d) wird im Text näher beschrieben.

zu Boden fiel und das Blut aus dem toten Körper strömte, verharrten die Anwesenden noch eine Weile unbewegt. Dann erhoben sie sich und verließen mit feierlicher Miene den Raum. Was auch immer der Tote getan haben mochte, die Tat war gesühnt, seine Ehre wiederhergestellt.

Wer waren die Ninja?

Ninja (in freier Übersetzung: »Schattenkrieger«) hießen die hochspezialisierten Einzelkämpfer, die ihre Aufträge: Auskundschaften des Feindes, Sabotage, Ermordung feindlicher Anführer und so weiter, im Verborgenen ausführten. Die *Ninja* waren also die Geheimagenten des Alten Japan. Sie waren keine *Samurai*, spielten jedoch in den jahrhundertelangen Auseinandersetzungen der Kriegerkaste eine wichtige, oft entscheidende Rolle.

Vermutlich sind die *Ninja* und ihre Kunst des Untergrundkampfes (japanisch: *Ninjutsu*) aus dem traditionell hochentwickelten japanischen Kundschafterwesen hervorgegangen. Größere Bedeutung erlangte dieser etwas zwielichtige Teil der Kriegskunst aber erst, als mit dem Aufkommen der *Samurai* die kriegerischen Auseinandersetzungen im Lande immer mehr zunahmen. Von da an gab es für die »Schattenkrieger« einen ständig steigenden Bedarf. Um den zu befriedigen, entstanden auf der Halbinsel *Honshu* eine Reihe geheimer Ausbildungsstätten, deren Zahl auf 25 bis 70 geschätzt wird. Sie lagen abgeschieden und streng abgeschirmt in unzugänglichen Landstrichen und breiteten über ihre Tätigkeit den Schleier absoluter Geheimhaltung.

Die Männer, die an diesen Schulen erzogen wurden, kamen größtenteils aus Familien, in denen der *Ninja*-Beruf Tradition war; das hatte den Vorteil, daß die Grundausbildung der künftigen Geheimagenten bereits im Kleinkindalter beginnen konnte. Aber auch herrenlos gewordene *Samurai*, die sogenannten *Ronin*, ergriffen zuweilen den Beruf des »Schattenkriegers«.

Was an den geheimen *Ninja*-Schulen gelehrt wurde, war unglaublich vielseitig. Eine herausragende Rolle spielte dabei das Training von Kraft, Ausdauer und vollkommener Körperbeherrschung, denn davon konnte später das Leben abhängen. Hinzu kam das Studium der unterschiedlichen Überlebensmethoden in extremen Situationen: in eisiger Kälte zum Beispiel, unter Wasser, bei langanhaltendem Hunger oder nach schweren Verletzungen. Weiterhin mußte ein *Ninja*

Ein Ninja im typischen dunklen Kampfanzug mit verhülltem Gesicht und geschultertem Schwert. So getarnt agierten die »Schattenkrieger« vor allem im Dunkel der Nacht.

imstande sein, schwierige Hindernisse wie Burgmauern, Verhaue, reißende Gewässer, Sümpfe, feindliche Zeltlager ... in voller Ausrüstung sicher und unauffällig zu überwinden. Von entscheidender Bedeutung war auch die Kunst der perfekten Tarnung, das Leben und Agieren unter tausenderlei Masken und Verkleidungen und das Verwischen von Spuren. Und dann mußte der zukünftige Geheimagent selbstverständlich ein Meister in der Handhabung aller nur denkbaren Waffen sein, darunter vor allem solcher, die lautlos und auf hinterhältige Weise töteten, wie Blasrohre oder giftige Wurfpfeile.

Die jungen Männer, die eine solche langjährige Ausbildung durchlaufen hatten, bildeten überall im Lande geheime Gesellschaften, in denen niemand den anderen kannte. Geschickt getarnt wohnten die *Ninja* verstreut und unerkannt in Städten und Dörfern. Von ihren Führern wußten sie weder den Namen noch kannten sie ihren Aufenthaltsort, geschweige denn ihr Gesicht. So war sichergestellt, daß niemand durch Verrat oder Spitzel in die Organisation eindringen konnte.

Wie erhielten und wie erledigten die Ninja ihre Aufträge?

Wenn der *Shogun*, ein *Daimyo* oder ein hoher *Samurai* den *Ninja* Aufträge erteilen wollten, schickten sie einen Beauftragten an Orte, von denen man wußte, daß sich dort ein Mittelsmann der Geheimorganisation aufhielt. Bekannt dafür waren insbesondere die Vergnügungsviertel der großen Städte. Sobald der Mittelsmann in dem umherschlendernden Fremden einen möglichen Auftraggeber erkannte, trat er von sich aus an ihn heran. Kam ein Abschluß zustande, so informierte der Vermittler einen weiteren Zwischenträger, der den Auftrag – wiederum auf Umwegen – an den *Ninja*-Befehlshaber des betreffenden Bezirks weiterleitete. Dieser holte zuerst eigene Erkundigungen über die näheren Umstände des geplanten Unternehmens ein und erteilte dann den Befehl zur Durchführung.

Der *Ninja*, der nun den Auftrag zu erledigen hatte, war dabei ganz auf sich selbst gestellt. Wie man es ihn gelehrt hatte, bereitete er sich umsichtig und gründlich auf die Aufgabe vor. Sorgfältig holte er Informationen über das Zielgebiet oder die Zielperson ein, wählte die passende Kleidung, die notwendige Ausrüstung und die richtigen Waffen aus und machte sich dann, verkleidet als Mönch, Schauspieler, Kaufmann, Bauer oder auch als Frau auf den Weg. Unterwegs hielt er die Ohren weit offen und suchte nützliche Bekanntschaften anzuknüpfen.

Bei Tag tarnten sich die Ninja gern als Komoso – so hießen die ritterlichen Bettelmönche mit ihrem bienenkorbähnlichen Strohhut.

Die Fähigkeiten der Ninja als »Schattenkrieger« waren sprichwörtlich. Tatsächlich war ein gut ausgebildeter Ninja imstande, Burgmauern zu erklettern (a), stundenlang reglos in einem Versteck auszuharren (b), mit einem mitgeführten aufblasbaren Floß aus Tierfell Burggräben, Flüsse und Seen zu überqueren (c) und unter Wasser zu verschwinden, indem er aus einem Luftsack atmete (d).

Am Zielort angekommen, verlegte der *Ninja* sich zunächst auf sorgfältiges Beobachten. Dazu wählte er ein geeignetes Versteck aus und blieb dort oft stundenlang, ohne eine Gliedmaße zu rühren. Hatte er auf diese Weise alles Wissenswerte ausgespäht, dann entwickelte er einen Plan, den er nun energisch in die Tat umsetzte. Sollte zum Beispiel eine hochgestellte Persönlichkeit ermordet werden, so verschaffte er sich mit Tricks oder akrobatischem Können Zugang zu deren Haus. Der Überfall selbst geschah dann aus einem Versteck heraus gänzlich überraschend und lautlos: entweder heimtückisch (zum Beispiel durch unmerkliches Beträufeln der Lippen mit Gift im Schlaf) oder mit geballter Kraft (zum Beispiel durch einen Handkantenschlag, durch Erwürgen oder durch einen Dolchstich).

Zum Einsatzplan eines *Ninja* gehörte immer auch die Vorbereitung des Rückzugs. Dabei sprangen »Schattenkrieger« zuweilen 20 Meter tief in einen Burggraben und verharrten dort lange unter Wasser, indem sie durch ein Bambusrohr atmeten. Oder aber sie schwangen sich mit Wurfhaken und Leine von Dach zu Dach oder von Baumkrone zu Baumkrone, was ihnen den Ruf einbrachte, sie könnten fliegen. Um den Rückzug zu eröffnen, waren auch verschiedene Methoden der Ablenkung beliebt, zum Beispiel das Entzünden eines vorbereiteten Brandsatzes an anderer Stelle des Hauses. Während die Bewohner aufgeregt hin- und herliefen und die Türen öffneten, um Löschwasser und Hilfe zu holen, verschwand der Mörder des Hausherrn auf Nimmerwiedersehen.

Wurde indes ein *Ninja* doch einmal gefaßt, was selten vorkam, so war auch dafür vorgesorgt: er tötete sich, indem er sich seinen Dolch in die Kehle stieß oder aber, wenn es auch dafür schon zu spät war, indem er eine Giftkapsel zerbiß, die er während einer gefährlichen Flucht stets vorsorglich in der Backentasche trug.

Die von den Ninja bevorzugte Kampfweise war der unerwartete Überfall, der keine Zeit zur Gegenwehr ließ. Solche Blitzaktionen sind hier dargestellt: eine Geiselnahme (e), ein Mordanschlag in der Nacht (f), ein Angriff mit einem Wurfstern (g) und ein Überfall aus dem Hinterhalt (h).

Niedergang und Ende der Samurai

Am 7. Juli 1853 ging der amerikanische Commodore Matthew Perry mit vier Kriegsschiffen in der Bucht von *Yedo* vor Anker. Die Botschaft, die er dem *Shogun* im Auftrage seiner Regierung überbrachte, lautete: Japan möge seine Grenzen öffnen und durch ein Handelsabkommen den freien Austausch von Waren zwischen beiden Ländern gewährleisten.

Wie kam es zum Niedergang des Samuraistaates?

Die Forderung brachte das *Bakufu* in arge Bedrängnis. Japan hatte sich seit mehr als 200 Jahren von der übrigen Welt abgesondert; die Grenzen waren geschlossen, niemand durfte hinein, niemand (bei Todesstrafe) hinaus. Doch seit geraumer Zeit umkreisten Flottengeschwader der euro-

Der Befehlshaber der amerikanischen Japanflotte von 1853/54: Matthew Perry, gemalt von einem japanischen Augenzeugen.

Dieses zeitgenössische Gemälde zeigt die amerikanische Flotte bei ihrem zweiten Besuch in Japan im März 1854. Eindrucksvoll hat der Künstler die Bedrohung dargestellt, die von den riesigen Panzerschiffen ausging.

Die Samurai-Delegation, die der Shogun im Jahre 1863 nach Paris schickte, um über die Öffnung japanischer Häfen für französische Schiffe zu verhandeln.

päischen Großmächte das Inselreich, die alle auf eine Gelegenheit zum Eindringen lauerten. Wie sollte das technisch zurückgebliebene Land dieser offenkundigen Bedrohung begegnen? Nach dem energischen Drängen der Amerikaner konnte man die Antwort auf diese Frage nicht länger hinausschieben.

Zunächst einmal suchte das *Bakufu* Zeit zu gewinnen. Doch der Druck nahm von Jahr zu Jahr zu, und schließlich gab die Regierung den Widerstand auf. 1858 wurde der gewünschte Handelsvertrag mit den USA, drei Jahre später ähnliche Verträge auch mit Rußland, England, Frankreich und Holland abgeschlossen.

Die Nachgiebigkeit des *Bakufu* gegenüber den Fremden spaltete Japan in zwei Lager. Während die einen in der Öffnung eine Chance zur Modernisierung des Landes sahen, wollten die anderen die verhaßten Fremden bei nächster Gelegenheit wieder hinauswerfen. Ihre Forderung lautete: das kopflose *Bakufu*, das die japanischen Interessen verraten habe, solle abtreten und die Regierung dem *Tenno* übertragen, der sich hartnäckig geweigert hatte, die Handelsverträge mit dem Ausland anzuerkennen.

In den folgenden Jahren spitzten sich die Auseinandersetzungen weiter zu. Das aufreizende Verhalten der ungeliebten Handelspartner, die sich im Lande wie die Herren aufführten, forderte die Japaner heraus. Es gab Schießereien und Morde an Reisenden, die die Landessitten mißachteten. Darauf antworteten die ausländischen Mächte mit Vergeltungsmaßnahmen: 1863 schossen Kriegsschiffe die Stadt *Kagoshima* in Brand, 1864 zerstörten sie die Forts von *Shimonoseki*. Die Erbitterung der Unzufriedenen im Lande und ihre Hoffnung auf einen Sturz des *Bakufu* wuchs. Allerdings mußten sie kurz

Oben: Mit solchen Farbdrucken protestierten die Japaner nach der Öffnung der Grenzen gegen die Überschwemmung ihres Landes mit Ausländern. Der Unmut darüber führte nicht selten zu Gewalttätigkeiten, wie sie rechts dargestellt sind: ein japanischer Ringer verprügelt einen Europäer.

darauf eine bittere Enttäuschung hinnehmen: 1866 starb Kaiser *Komei*, die Leitfigur des Widerstands, im Alter von nur 35 Jahren. Nachfolger wurde sein erst 15jähriger Sohn *Mutsuhito*, den noch niemand so recht einschätzen konnte.

Dann aber überstürzten sich die Ereignisse. Unter dem schweren Druck der ausländischen Mächte hatte das *Bakufu* kurz nach Kaiser *Komeis* Tod einer Senkung der Zölle auf eingeführte Waren zugestimmt. Dieses neuerliche Nachgeben gegenüber den verhaßten Weißen löste im ganzen Land maßlose Erbitterung aus und brachte das Pulverfaß zur Explosion. Im Süden sammelte sich eine Armee kaisertreuer *Samurai* und marschierte in Richtung Hauptstadt. In diesem kritischen Augenblick gab der *Shogun* das Spiel verloren. Am 14. Oktober 1867 verzichtete er auf sein Amt zugunsten des jungen Kaisers *Mutsuhito*. Das war, gleichsam über Nacht, das ebenso überraschende wie klägliche Ende der annähernd 700jährigen *Samurai*-Herrschaft über Japan.

Zwar versuchte der abgetretene *Shogun* im kommenden Jahr das Blatt noch einmal zu wenden. Es war ihm gelungen, 100 000 Getreue aufzubieten, mit denen er nun auf *Kyoto* marschierte. Doch gleich der erste Zusammenstoß machte deutlich, daß hier die alte gegen die neue Zeit angetreten war: Während die Truppen des Ex-*Shoguns* wie vor Jahrhunderten mit Bogen, Schwert und Lanze angriffen, antworteten die an Zahl unterlegenen Kaiserlichen mit Salven aus europäischen Gewehren. Als sich der Pulverdampf verzogen hatte, war der Traum von einer Rückkehr in die Vergangenheit ausgeträumt.

Kaiser Mutsuhito, der erste Kaiser des modernen Japan. Unter seiner aufgeklärten Regierung wurden alle Privilegien der Samurai-Kaste abgeschafft.

Die Thronbesteigung Kaiser *Mutsuhitos* am 3. Januar 1868 war für die meisten seiner Anhänger eine bittere Enttäuschung. Sie hatten erwartet, der junge Herrscher werde sich nun energisch für die Vertreibung der Fremden und für eine neuerliche Abschließung des Landes einsetzen. Doch *Mutsuhito* war aus ganz anderem Holz geschnitzt als sein Vater. Mit klarem Blick und bestärkt von seinen jungen Beratern stellte er sich von Anfang an kompromißlos auf die Seite des Fortschritts. Nur ein modernes Japan, so seine Überzeugung, werde stark genug sein, den Weltmächten Widerstand entgegenzusetzen. Japan dürfe sich also nicht von der Welt absondern; es müsse sich im Gegenteil weit öffnen, um möglichst rasch Anschluß an die moderne Welt zu finden. Als sichtbares Zeichen für dieses Programm gab er seiner Regierung den Namen *Meiji,* d. h. »aufgeklärte Regierung«.

| Wie verschwanden die Samurai aus der japanischen Geschichte? |

Binnen weniger Jahre nahm die Modernisierung des zurückgebliebenen Landes ein atemberaubendes Tempo an. Zugleich beseitigte die *Meiji*-Regierung Zug um Zug alle Reste vergangener Herrschaft. 1871 wurden die Machtbefugnisse der *Daimyo* aufgehoben. Zwei Jahre später, 1873, erfolgte der zweite Schlag gegen die Vorherrschaft der *Samurai*: Die alte Reisabgabe der Bauern an die *Daimyo*, von denen die Kriegerkaste ganz überwiegend gelebt hatte, wurde abgeschafft und durch eine Geldsteuer an den Staat ersetzt. Als Abfindung erhielten die *Samurai* nur eine einmalige Summe in bar oder in Schuldverschreibungen. 1876 büßten die Angehörigen der Kriegerkaste auch das äußere

Zeichen ihrer Würde ein: das Tragen des *Daisho* (der beiden Schwerter) wurde verboten. Und schließlich, 1884, verloren die *Samurai* auch noch den Adelstitel. In den nach englischem Vorbild neu begründeten Adel Japans wurde von den rund 600 000 Angehörigen der alten Herrenklasse nur verschwindend wenige aufgenommen.

Für viele brach damit eine Welt zusammen. Verzweifelt stemmten sie sich gegen die Entwicklung. Dreimal – 1874, 1876 und 1877 – erhoben sich kleinere oder größere Gruppen gegen die verhaßte *Meiji*-Herrschaft – vergebens. Als im Jahre 1889 die neue Verfassung des Landes verabschiedet wurde, mußte auch dem hartnäckigsten Verfechter der alten Ordnung klar sein: die alte Zeit der *Samurai*-Herrlichkeit war ein- für allemal vorbei, und sie würde niemals wiederkehren.

Wie prägte der Geist des Bushido das moderne Japan?

Der gewaltige gesellschaftliche, technische und wirtschaftliche Umbruch der *Meiji*-Revolution war für Japan eine ungeheure Herausforderung. Vor allem brauchte man zum Aufbau des Landes Fachleute: Wissenschaftler, Organisatoren, Techniker, Ingenieure, Lehrer der verschiedensten Fachrichtungen. Zwischen 1873 und 1880 holte man diese Spezialisten in so großer Zahl ins Land, daß das zuständige Ministerium 30 Prozent seiner Mittel für sie aufwenden mußte. Indes, nach 1880 ging ihre Zahl rasch zurück. Man brauchte sie nicht mehr, denn nach nur knapp einem Jahrzehnt hatten die Einheimischen ihre Lektion bereits selbst gelernt. Daß dies in so kurzer Zeit möglich war, verdankte Japan vor allem der Schicht seiner Gebildeten, die aus den hervorragenden *Samurai*-Schulen des Landes hervorgegangen war. Diese Schicht, großenteils Angehörige der Kriegerkaste, wurde nun zum Träger und zum Motor der neuen, offenen japanischen Gesellschaft.

Der stürmische Aufschwung spaltete die entmachtete *Samurai*-Kaste in zwei Gruppen. Während sich die einen von der Vergangenheit nicht lösen konnten, nichts taten und so einer ungewissen Zukunft entgegengingen, stürzten sich die anderen mit der ganzen inneren Kraft, die ihnen eigen war, auf die neuen Aufgaben. Früher war in *Samurai*-Kreisen jede gewerbliche oder kaufmännische Tätigkeit streng verpönt gewesen: ein Krieger arbeitete nicht für Geld. Unter dem Druck der Verhältnisse aber warfen viele die alten Vorurteile über Bord und investierten die Abfindung, die sie erhalten hatten, in Industrie und Handel. Wohin man auch kam, überall arbeiteten jetzt Angehörige der alten Oberschicht: in den Direktionsetagen von Industrie, Bergbau und Schiffbau, in der staatlichen Verwaltung, in den Arbeitsstäben für den Ausbau des Straßen-, Eisenbahn- und Telegrafennetzes und nicht zuletzt in den großen Handelshäusern.

Bei dieser Entwicklung konnte es nicht ausbleiben, daß der Geist des *Bushido*, der diese Männer beseelte, tief in die Arbeitswelt eindrang, die sie in so hohem Maße mitprägten. Tugenden wie Treue zum Betrieb, Pflichtbewußtsein und Sorgfalt, Ehrerbietung gegenüber den Vorgesetzten, selbstverständliche Unterordnung, Disziplin und Bedürfnislosigkeit wurden nicht nur von den ehemaligen *Samurai* gepflegt, sie wurden auch von ihren Mitarbeitern und Untergebenen übernommen.

Heute ist Japan eine der führenden Industrienationen der Welt, und vielleicht wird sie schon bald die erste sein. Diesen atemberaubenden Erfolg verdankt das Land der enormen Tüchtigkeit und Zähigkeit seiner Führer und seiner Bevölkerung, ihrem Fleiß, ihrer Zuverlässigkeit, ihrer Hartnäckigkeit, ihrer niemals nachlassenden Energie. In alledem erkennt man unschwer die Spuren der alten *Samurai*-Tugenden wieder, die, wenn nun auch in veränderter Form, in allen Schichten der japanischen Bevölkerung weiterleben.

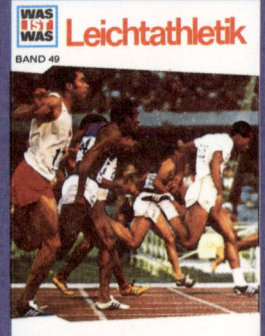 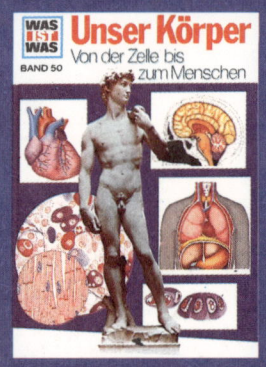   
 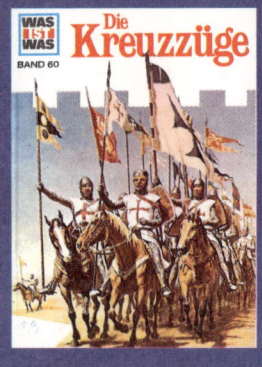 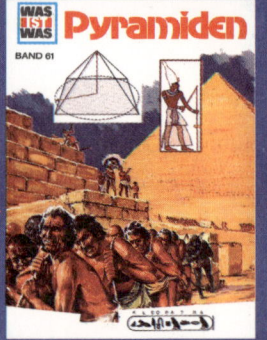 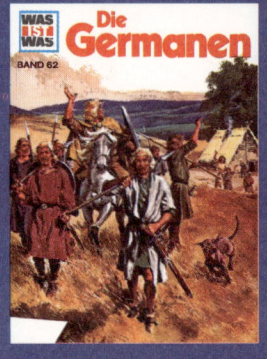 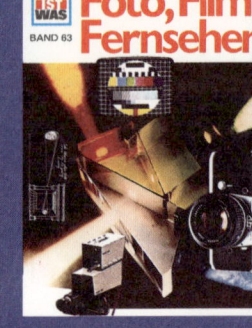
 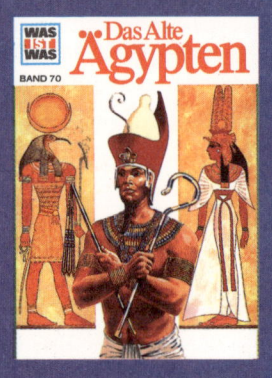 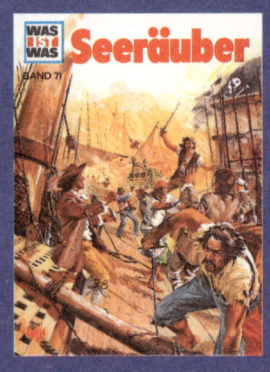  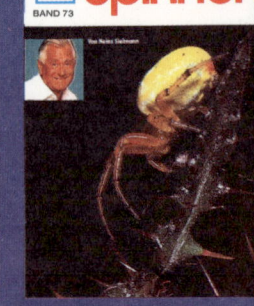